湛庐文化
Cheers Publishing
a mindstyle business
与 思 想 有 关

THINK BIGGER

企业的大数据战略

DEVELOPING A SUCCESSFUL BIG DATA STRATEGY FOR YOUR BUSINESS

[荷]马克·冯·里吉门纳姆(Mark van Rijmenam)◎著

盛杨燕◎译

浙江人民出版社
ZHEJIANG PEOPLE'S PUBLISHING HOUSE

每个企业都需要一个大数据战略

对不同的企业和行业来说，大数据的意义各有不同。那么，大数据能够为你的企业做什么呢？这取决于你的企业的类型，你的企业所拥有的数据量，你的企业所处的行业，以及一系列其他变量。我每次给企业提供大数据战略相关的建议时，常会面临的一个主要问题就是：大数据带来了如此多的可能性，如何找出对的用例以发展到概念验证阶段？

5 大信号，拥抱大数据战略

对中国企业来说，相比要不要使用大数据这个问题，更需要考虑的问题应该是何时开始使用大数据。当然，如果你现在是一家富有市场竞争力的企业，而且不想在接下来的五到十年内退出历史舞台的话，那你的回答应该是毫不犹豫的：马上就开始使用大数据！不过，你的企业何时准备好开始拥抱大数据？你的企业何时能具备成功开展和实施大数据战略的必要条件？你的企业何时准备好迎接大数据带来的挑战？在我担任大数据策略分析师的过程中，我发现，一旦企业内出现了如下 5 个信号，就说明做好了拥抱大数据的准备。

企业内部已达成共识，认为企业内部存在大数据

关于大数据能为你的企业带来什么，如果企业内部并没有达成共识，那么所谓的开始使用大数据将是毫无意义的。就像上文已经提及过的，大数据对不同的个人、企业和行业来说，意义各有不同，因此大数据能带来众多的可能性。对于大数据能为企业带来什么，如果每个员工都有各自不一样的见解，那么要实现所有员工团结一致或者成功实施大数据战略是很难的，甚至是起码的启动概念验证都很难实现。

商业智能是决策流程的一部分

如果你的企业文化中根本没有大数据驱动的基因，那么要拥抱大数据就会很困难。所以，你的企业应该至少运用了某种形式的商业智能，以监督企业的表现。你应该已经建立了能持续监控的 KPI 指标体系，并对关键流程进行定期分析。也就是说，你已经在你的企业内开始使用一些可用的数据，而且企业内部有一定的数据驱动的文化，要求管理者在决策制定过程中使用商业智能报告。管理者已经对使用的数据有信任感，并且因此能比完全依靠直觉时做出更好的决策。

鼓励实验和创新

如果你想要开始使用大数据，首先要做的就是推进概念验证，以了解大数据究竟是什么，以及大数据究竟能为你的企业带来什么。大数据项目通常需要花费一年半的时间，而且在项目推进的过程中，很难看出结果会如何，但是这不能成为对大数据望而却步的理由。因此，企业必须鼓励实验和创新，从而发现大数据为企业带来益处的方式。如果你没有将一些时间花在未知事务上，就没有做好拥抱大数据的准备。

使用高质量的数据

数据质量差是很多企业拒绝使用大数据的原因之一，因为低质量的数据会让你，尤其是数据分析师的工作变得很难。从以下几方面出发，可以判定数据的质量水平：

◎ 标准化：对数据元素的定义和理解是否一致

◎ 完整性：是否所有必需的数据都存在

◎ 精确性：数据是否确切地代表现实情况或者来源是否可靠

◎ 有效性：数据的价值是否处于可接受的范围内

◎ 唯一性：数据是否多次出现

要拥有高质量的数据，首先你的企业应该有正确的主数据管理（Master Data Management），而这正是大数据分析的基础。如果你的数据管理不当，质量不能保证，那么你的数据非但不会成为你的宝贵财富，反而会变成一项危险的累赘。基于低质量的数据所做的任何分析都是毫无意义的。因此，高质量的数据是一个大数据项目取得成功的先决条件。

董事会清楚大数据的价值

正如上文已经提到的，大数据项目的落地需要一段比较长的时间，而且开展大数据项目成本比较大，但是项目结果在初期并不能清楚地预见。因此，如果你想让大数据项目获得成功，取得董事会管理层的支持是至关重要的，因为如若不然，大数据项目很可能会被中途叫停。另外，大数据归根结底还是人的问题，因此文化氛围的改变也很重要，而要改变文化氛围，那就必须要做从上至下的改变。因此，如果你的董事会清楚大数据的价值，你取得大数据成功的胜算就会大大增大。

制订和实施大数据战略并不容易，也并非所有的企业都做好了迎接大数据的准备。不过，如果你的企业已经具备了上述五个方面的条件，那么，也就是时候拥抱大数据了，最终你应该也会取得成功。在没有任何数据背景的前提下开展大数据项目基本上就是做无用功。因此，你最好是先让你的企业适应大数据这种新的工作方式。这可能是一个漫长的过程，但是你终将因此有所收获。

大数据用例框架

为了帮助企业更好地了解大数据不同的可能性，我开发了一个大数据用例框架。该框架将 9 类大数据用例划分为三个核心：

◎ 你的客户

◎ 你的产品

◎ 你的企业

每一个核心包含三种可以明确定义的大数据用例，这和各行各业的所有企业都密切相关。这个框架如表 0–1 所示，接下来就让我们逐个分析大数据的用例。

0–1 **大数据用例框架**

你的客户	你的产品	你的企业
360 度客户视图	个性化的网站 / 产品	降低风险 / 减少欺诈行为
了解市场	提升服务	更好地管理企业
寻找新市场	共同创造和创新	了解你所面临的竞争

360 度客户视图

对任何一个企业来说，形成一个对客户的完整视图都是非常重要的，因为这能够帮助企业了解客户的渴望、需求、偏好以及客户习惯的营销方式。当你将多个数据源的数据结合起来，就能得到一个 360 度的视图。你的内部来源数据，如客户关系管理（Customer Relationship Management，简称 CRM）数据、销售数据或呼叫中心数据，可以与外部来源数据，如社交媒体数据或新闻数据相结合。零售巨头沃尔玛就是创建 360 度客户视图的最佳例子。多亏了在线营销平台，沃尔玛才能够实现 360 度客户视图的创建。

了解市场

以前，企业如果想更好地了解市场，一般会寻求市场调研企业的帮助。虽然消费者固定样组、焦点小组和问卷调查都能提供市场反应数据，但不幸的是，这些调研方式费时费力，且只能提供对过去的见解而非对未来的见解。有了大数据，我们就没有必要再采用如此费时费力的方法了，因为当你将不同的数据集，如销售数据、市场新闻数据和社交媒体数据结合起来，你就能够实时了解市场对你的产品的评价了。另外，举个例子，当你发布新广告的时候，你也能通过结合多个数据集了解到市场对它的看法。大数据将市场调研提升到了一个新的高度。

寻找新市场

对具有多个数据源的数据，如网站统计和社交媒体数据进行分析，能够帮助你寻找到新市场或你尚未意识到的有潜在需求的客户。使用自然语言处理（Natural Language Processing）或机器学习（Machine-Learning）等技术，你将能更好地预测（潜在）客户正在寻求什么，而模式分析则有可能帮助你寻找到全新的市场。

个性化的网站 / 产品

大数据就是相关性，并通过正确的渠道，在正确的时间，以适当的价格，为特定客户提供正确的产品或服务。谷歌会根据你的个人资料将其搜索结果个性化，亚马逊则基本上会针对不同的用户显示不同的产品推荐主页。最终，它们会通过结合来自不同数据源的数据实现对客户的完全了解，真正清楚客户寻找的是什么样的产品或服务。通过为客户提供个性化的产品推荐而获得成功的企业比比皆是，如洲际酒店集团（InterContinental Hotel Group）和 Spotify 音乐服务平台。

提升服务

大数据可以帮助你大幅提升服务水平。你可以通过使用深度数据分析来优化客户服务，从而提升客户满意度。美国西南航空公司（Southwest Airlines）的所作所为就是一个很好的例子。它们使用语音分析，实时提炼出现场录制的公司员工与客户之间的对话背后的深层含义和有价值的信息。然后，通过将这些数据与其他来源的数据，如客户档案数据、航班数据以及社交媒体数据相结合，来为客户提供始终如一的高品质服务。

同时，智慧城市能够利用大数据来更好地管理城市，提高市民服务水平。韩国智慧城市松岛（Songdo）就是一个很好的例子，在这里，甚至连垃圾都要受到分析，以提升垃圾清运服务的质量。

共同创造和创新

大数据不仅可以为你提供你的客户的信息，也可以为你提供你的产品以及产品使用情况的信息。如果你能够通过传感器和远程信息处理设备监控产品的使用情况，你就能够对如何完善产品有一个深入的了解。此外，使用海量数据以及超级计算机进行的仿真分析能够帮助你极大地提高产品创新的速度。因此，宝洁曾使用仿真分析在数秒内创建成千上万次迭代，以找到最好的一次性尿布。

降低风险或减少欺诈行为

利用大数据可以轻松地检测到异常情况和异常值，而这些异常情况和异常值则有可能在提示着欺诈行为存在。万事达卡就是利用大数据来确定某项支付行为是否属于欺诈行为。此外，大数据也可以降低企业所面临的风险。当你对客户有了更好的了解之后，你就能更好地确定其风险状况，无论这个客户是一个人，还是一家正在寻求信贷、抵押贷款或保险服务的企业。英国汽车保险商Insurethebox就是通过让客户自愿接受保险公司监控其驾驶习惯来降低保险风险的。Insurethebox 的定价策略是，客户的驾驶习惯越好，保险费用越低。当然，这也降低了保险公司的赔付风险。

更好地管理企业

员工在办公室里会产生大量的数据。在办公室的设备上以及整个办公室里安装的传感器，能够为你提供有关员工工作表现的信息。这些信息能够帮助你更好地管理办公场所。例如，卡毕斯特制药公司（Cubist Pharmaceuticals）使用数据后发现，公司办公场所内的咖啡机过多。然后，该公司通过减少咖啡机的数量，并设置集中的咖啡饮用场所，增加了员工之间的非刻意沟通。

同时，你还可以监控所有的非结构化数据，如邮件、文档和会议，以了解哪个员工熟悉哪个话题，以及哪些员工之间有互动。这不应当被视为对员工的监视，相反这会帮助员工更快速、更有效地找到他们所需的信息。

了解你所面临的竞争

当然，你能够为你的企业所做的事情，你的竞争对手也或多或少地能够为他的企业做。不过，如果你对竞争对手的定价策略进行监控，那么大数据就能实时让你了解竞争对手的定价变化，以便你更迅速地做出反应。当然，这种策略并非万无一失，因为当两个算法开始交互的时候，会有一些奇怪的事情发生，例如，可能会显示一本关于苍蝇的书售价高达 2 300 万美元。

这九个大数据用例只体现出了大数据能做的事情的冰山一角。当然，大数据的具体用途会根据企业自身和所处行业的不同而有所不同，但是这个大数据用例框架应该还是能够为你提供一些如何开始利用大数据等相关指导意见的。

THINK BIGGER

目 录

中文版序
每个企业都需要一个大数据战略 / I

每个人都身处一个大数据时代 / 001

20 世纪，大数据的序幕
21 世纪，数据大爆发

02

你必须知道的大数据 7 大特征和 8 大事实 / 007

大数据的“7V”特征
你早该知道的大数据的 8 个事实
大数据对社会的影响

大数据的 7 大发展趋势 / 025

趋势 1，移动大数据
趋势 2，实时大数据
趋势 3，物联网
趋势 4，量化自我
趋势 5，社交大数据
趋势 6，公共大数据
趋势 7，游戏化

04 你应该了解的大数据技术 / 061

Hadoop HDFS 和 MapReduce
开源工具
大数据工具和分析类型

05 如何布局企业大数据战略 / 075

以信息为中心的企业的主要特征
大数据的 8 大用途
大数据和投资回报
资产负债表中的大数据
企业内部大数据的 3 大影响力
大数据企业落地路线图
7 种最重要的大数据员工
中小型企业的大数据机会
管理大数据

06 大数据落地的 18 个行业 / 129

农业
汽车业
消费品业
教育
能源
金融服务业
游戏业
医疗
法律
制造业
非营利组织
传媒和娱乐产业
石油和天然气产业
公共部门
零售业
电信业
交通运输业
旅游与休闲业

大数据的隐私、道德和安全 / 207

大数据隐私
大数据道德
大数据安全

大数据的未来 / 229

商业分析的未来
迈入波字节时代

THINK BIGGER

每个人都身处一个大数据时代

01

【大数据实践】

穿孔卡片与美国人口普查

首台数据处理机器“巨人”，解密纳粹密码

万维网，促进信息共享

Hadoop，大规模数据处理平台

在人类史册记载的所有数据中，90% 是在近两年创造的。然而，利用和解析大数据的需求却由来已久。事实上，早在 7 000 年前就曾出现过利用数据追踪和控制生产的情况——这也是最早的相关案例。当时，美索不达米亚人利用基础的会计准则记录农作物的生长情况。之后，会计准则被不断完善。1663 年，约翰·格朗特（John Graunt）记录并观察了有关伦敦地区居民死亡情况的所有信息，并为了研究肆虐欧洲的黑死病，建立了警示系统。在首次有记载的统计学数据分析案例中，他将自己的研究成果汇集到了《关于死亡表的自然观察与政治观察》(*Natural and Political Observations Made upon the Bills of Mortality*) 一书中。此书对揭示 17 世纪人们的死因有巨大的启示作用，格朗特因此被誉为“人口统计学之父”。

19 世纪见证了信息时代的开端。1887 年，现代数据首次被采集。当时，赫尔曼·霍尔瑞斯（Herman Hollerith）发明了一种计算机，可以通过穿孔卡片来管理人口普查数据。

20 世纪，大数据的序幕

1937 年，富兰克林·罗斯福当政期间，美国推行了第一个大型数据项目——在新颁布的《社会保障法》(*Social Security Act*) 的规定下，政府要记录 300 多万个用人单位和 2 600 多万员工的财政贡献。IBM 有幸得到了这个项目，为这个庞大的统计工程开发穿孔卡片读卡机。

1943 年，英国人开发出了首台数据处理机器“巨人”（Colossus）计算机，用以在第二次世界大战期间破译纳粹密码。它能以每秒 5 000 字的速度破解截获情报中暗含的信息，极大地缩短了破译纳粹密码所需的时间，是一个巨大的进步。

1952 年，美国国家安全局成立。短短 10 年间，它就签下了 12 000 多名密码专家。“冷战”期间，这些专家开始采用自动收集和处理情报信号的方式，信息超载的难题摆在了他们面前。

1965 年，美国政府决定设立首个数据中心，来存储收集到的超过 7.42 亿张纳税申报单和 1.75 亿枚指纹。数据中心的员工将这些记录全部转移到计算机磁带上，集中存放在一个地方。不过后来，迫于他国反对，该项目没有继续推进，但是它揭开了电子数据存储时代的序幕。

1989 年，英国计算机科学家蒂姆·伯纳斯-李（Tim Berners-Lee）发明了万维网（World Wide Web），希望借助一个“超文本”环境促进信息共享。当时，他肯定没有料到，这项发明会对全人类产生这么重大的影响。

从 20 世纪 90 年代开始，随着越来越多的设备连上互联网，数据以一种前所未有的速度被创造出来。1995 年，第一台超级计算机诞生。过去，一个人用计算器需要花费 3 万年才能完成的工作，现在，计算机能在 1 秒钟之内解决。

21 世纪，数据大爆发

2005 年，奥莱利出版社（O'Reilly Media）的罗格·马古拉斯（Roger Mougalas）创造了“大数据”一词（此前一年，该出版公司曾提出“Web 2.0”一词），用来指代使用传统商业智能工具难以实现分析、管理的大量数据的集合。

同年，雅虎在谷歌 MapReduce 的基础上创造了 Hadoop，目的在于为整个万维网编写索引。如今，世界上许多企业都在使用 Hadoop 这个开源大数据平台来处理大规模数据集。

随着越来越多的社交媒体的涌现以及 Web 2.0 的蓬勃发展，每天都有越来越多的数据诞生。创新型企业开始慢慢地挖掘这些海量数据，政府也开始推进大数据项目。2009 年，印度政府开始对全国 12 亿人口进行虹膜扫描以及指纹、照片采集，然后将这些数据存储在一个全球最大的生物识别数据库中。

2010 年，谷歌 CEO 埃里克·施密特（Eric Schmidt）在加利福尼亚州太浩湖（Lake Tahoe）举行的科技经济论坛上这样描述信息革命："现在，我们每两天创造出来的数据量，相当于从文明伊始到 2003 年创造的所有数据量的总和……差不多有 5 艾字节（ExaByte）①……"

2011 年，麦肯锡发布了一篇备受好评的报告，题为《大数据：创新、竞争和生产力的下一个前沿》（*Big Data: The Next Frontier for Innovation, Competition, and Productivity*）。该报告得出结论称，到 2018 年为止，美国将面临 14 万名数据科学家和 150 万名数据管理员的巨大缺口，数据科学家也被认为是 21 世纪最令人向往的职业。

在过去几年间，大数据初创公司如雨后春笋般涌现，都在试图帮助企业理解和利用此次大数据爆炸。就像 1993 年人们开始慢慢接受互联网一样，如今越来越多的公司开始采用大数据，未来我们势必会见证更多改变。

事实上，数据量爆炸式地增长让我们跨过了十进制系统时代。如今，美国的国家安全局和联邦调查局在计算其数据存储量的时候，使用的单位是尧

① 艾字节，一般记作 EB，1 艾字节等于 2^{60} 字节。——译者注

字节（YottaByte）①。在不久的将来，我们将采用波字节（BrontoByte）②作为传感器数据的单位。因此，人们已经创造了新术语来形容在未来几年内有望被创造出的数据量（详见图 1-1）。

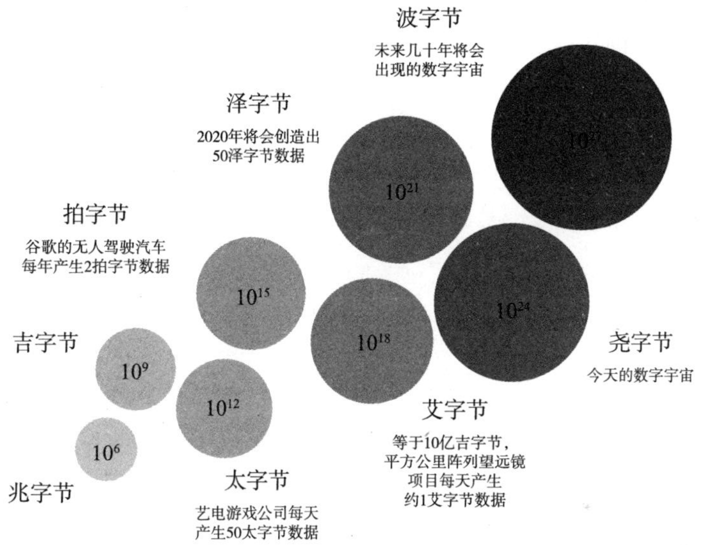

图 1-1　波字节资讯图

大数据将彻底改变全球企业和人类社会，而当前可用的全球数据量有望每两年实现翻番。那么，大数据到底是什么？接下来，让我们走进大数据，一探究竟。

---

① 尧字节，一般记作 YB，1 尧字节等于 2^{80} 字节。——译者注

② 波字节，一般记作 BB，1 波字节等于 2^{90} 字节。——译者注

你必须知道的大数据 7大特征和8大事实

02

THINK BIGGER

【大数据实践】

平方公里阵列望远镜，每天生成1艾字节数据

物联网，让一杯咖啡转化成数据

迪士尼，邂逅大数据，打造更为魔幻的用户体验

众所周知，数字化的一切皆为数据。如今，现有的软硬件设备已经不能满足高速增长的各种各样海量数据的处理需求了。大数据太复杂且太多样，使用传统工具已经不能再对它进行处理、存储、分析和管理了。而且，大数据的量也非常大，以至于我们无法找出症结来对症下药。

幸运的是，依靠现在开发的硬件、工具和算法，所有的数据都能够转换为有价值的信息，而且，这些信息所揭示的洞见可用于完善企业决策、提升企业效率、降低企业成本和增加企业收入。大数据革命意蕴丰富，势必会影响到各行各业的所有企业。

大数据的“7V”特征

人们通常用3个“V”来解读大数据，即高速度（Velocity）、多样性（Variety）和大体量（Volume）。然而，我想再补充4个“V”，以便更好地体现经过周密思考而拟定的大数据战略所带来的影响和启示：真实性（Veracity）、可变性（Variability）、可视化（Visualization）和高价值（Value）。

高速度

高速度是指创造、存储、分析和可视化数据的速度。过去，在人们还习惯对数据进行批处理的时候，通常每周或者每晚都会更新数据库。如此一来，计算机和服务器就需要花费大量的时间进行数据处理和数据库更新。然而，在大数据时代，数据是被实时或者说几乎是实时创造出来的。随着无线或者有线等网络连接设备的普及，机器可以实现数据的实时传输。

当前，数据产生的速度几乎让人不敢置信。人们每分钟会上传 100 个小时的视频到 YouTube 上；每分钟会发送超过 2 亿条短信；每分钟在 Flickr 上查看差不多 2 000 万张照片，并有 3 万张新照片被上传到网站上；每分钟会发布 30 万条推文；另外，每分钟会进行差不多 250 万次谷歌搜索。

因此，企业需要应对的挑战就是数据产生的高速度，以及对数据进行实时利用的需求。在本书第 3 章中，我们将详解实时大数据。

多样性

过去，所有的数据都是以行列的形式进行整齐排列的结构化数据，不过，这已经成为历史。如今，90% 的数据都是非结构化数据。现在，数据的形式多种多样，包括结构化数据、半结构化数据、非结构化数据，甚至还有复杂结构化数据。

每种数据对数据分析方式和阐释工具的需求也有所不同。像 Facebook 和 Twitter 这样的社交媒体网站提供的数据，有助于揭示消费者对你的企业品牌、服务和产品的看法，而传感器数据提供的则是你的产品或设备如何被利用等信息，以及你该如何完善产品等洞见。

本书第 4 章阐释了针对不同的数据类型可采用的多种分析方法和工具。

结构化数据

- **记录形式的平面文件**（Flat files in record format）
  平面文件是一个简单的文本文件，通常一行表示一条记录。不过，单个字段可以由逗号隔开。比如，A .CSV 文件就是一种平面文件。

- **地理定位数据**（GEO location data）
  地理定位数据指的是物体在现实世界中的地理位置。
- **HTML5 微数据**（HTML5 microdata）
  微数据可以对现有内容添加新的语义，以实现更丰富的浏览体验。该数据可以通过搜索引擎、网络爬虫和浏览器提取。
- **遗留数据**（Legacy data）
  遗留数据是指以陈旧或过时的格式存储的信息，或存储在计算机系统中的信息。访问或处理该信息时难度较大。
- **日志文件**（Log files）
  日志文件记录标准格式操作。它能够很好地提示用户当前进行的操作。
- **微格式**（Microformats）
  微格式可以重新使用 HTML/XHTML 标签传递元数据和其他属性。
- **传感器数据**（Sensor data）
  传感器数据是由传感器监视设备或产品收集到的数据。传感器可包括存储和发送信息的无线射频识别（RFID）标签。
- **电子表格**（Spreadsheets）
  电子表格包括表格格式中的数据，表示表和标题。

半结构化数据

- **包含元数据标签的文档**（Documents containing metadata tags）
  元数据包括作者和创作时间之类的信息，可以被轻松存入关系数据库管理系统（Relational Database Management System，简称 RDBMS）中。
- **电子数据交换文档**（Electronic Data Interchange documents）
  电子数据交换（EDI）文档指的是计算机系统之间的一系列信息的传递与交换，信息采用预定义格式。
- **丰富站点摘要订阅**（Rich Site Summary feeds）
  丰富站点摘要（RSS）订阅为完整或汇总文档，包含元数据，用于频繁发布、更新作品，比如博客。它采用标准化 XML 文件格式，信息只需发布一次，用户可通过许多不同的程序查看。

· **可扩展标记语言对象**（Extended Markup Language objects）

可扩展标记语言（XML）对象由一套规则定义而成，这套规则使人类和机器都能更容易地阅读文档。

非结构化数据

· **二进制大对象**（Binary Large Objects）

二进制大对象（BLOB）包括以单个文件形式存储在数据库管理系统中的二进制数据。它可以是图片、音频材料或其他任何多媒体对象。

· **需要控制的业务记录**（Business records requiring control）

需要控制的业务记录指的是与业务相关的文档、书面文件或电子文件，根据法律法规或行业要求，或出于支持诉讼和证据开示需求，决定存储、保留、处理或删除。

· **内容管理数据**（Content management data）

内容管理数据是指与在线平台的内容管理系统相关的数据。Wordpress 和 Joombla 都是内容管理系统。

· **数字资产**（Digital assets）

数字资产是指需要专门存储和传输以保证合同履行的文档，因为数字资产包含了大型和 / 或特殊编码文件。

· **动态内容（多用户）**[Dynamic content（multiple users）]

动态内容是指可能由多人或多个群体创建、编辑、评审和认可的内容。谷歌文档就是不错的例子，它允许多位用户同时编辑相同的文档。

· **电子邮件、短信、聊天信息**（Email, text messages, chat）

它们表示个人之间、企业和个人之间、机器和个人之间的通信或其他沟通过程的数据。

· **知识产权数据**（Intellectual property data）

知识产权数据是指与知识产权相关的数据。我们必须严格控制知识产权数据的获取，而且必须对知识产权进行管理，以避免违反材料使用相关的合同或授权条款。

· **社交数据**（Social data）

社交数据是指在 Facebook、Twitter、YouTube、LinkedIn 等社交媒体上

共享的所有数据。

- **专门化内容（Web 数据）(Specialized content [Web data])**

  专门化内容需要特殊的访问、控制、内容项、呈现以及其他功能，而在线平台就是一个非常典型的例子。

- **静态文档 (Static documents)**

  一次只能由一个用户进行编辑的 Word、PowerPoint 或 Excel 文档。

- **分类方法 / 本体模型 (Taxonomies/ontologies)**

  本体模型将知识表现为不同的概念（事物、关系或事件），并呈现出概念间的关系。

- **语音识别数据 (Voice recognition data)**

  语音识别数据就是由语音转换成的计算机可识别的文本或数据。语音识别数据包括语音助手（Siri）、播客（Podcast）、语音到文本处理，以及语音控制系统上的数据。

复杂结构化数据

- **层次结构数据（基于 XML 的 MISMO）**

  XML 数据集与复杂的金融产品相关。

大体量

按照现有的数据产生速度，每两年数据量就会翻番。2011 年，我们创造了 1.8 泽字节的数据，简直令人瞠目结舌。互联网数据中心（IDC）在 2011 年发布的一项研究表明，到 2020 年，全球数据量将是目前的 50 倍。这无疑是一个巨大的体量，当然，这很大程度上要归功于“物联网”给这个持续膨胀的数字世界所做的贡献，因为物联网让搭载在各种各样设备上的传感器遍布全球，时时刻刻都在生成数据。

接下来，让我们来看一些实例。安装在飞机引擎上的传感器每年约产生 25 亿太字节的数据。农业产业通过安装在拖拉机上的传感器产生和收集了大量数据。约翰迪尔（John Deere）农业机械有限公司使用传感器上的数据来监控机械，控制耕机数量，并帮助农民更好地制定决策。壳牌（Shell）石油公司采用超灵敏传感器来发现油井中更多的石油。如果该公司在 1 万个油井里全部安装上这些传感器，那么，每年将会收集约 10 艾字节的数据。不过，与平方公里阵列望远镜项目（Square Kilometer Array Telescope）相比，这些都是小巫见大巫，该项目每天都会生成 1 艾字节的数据。

过去，如此巨量的数据会带来严重的问题。而如今，伴随着存储成本的大幅下降、更好的存储方案（如 Hadoop），以及挖掘数据价值的算法的出现，数据存储不再是什么大不了的问题了。

真实性

如果数据是错误的，那么，高速生成和收集海量数据也就毫无意义可言。错误的数据会给企业和客户带来不小的麻烦。倘若你想让企业实现以信息为中心，你就需要确保你的数据和所进行的数据分析没有错误。对自动决策而言，这一点尤其重要，因为自动决策不再涉及人类意志。但是，令人震惊的是，有 1/3 的企业领导者都不信任他们在决策制定过程中所采用的数据。因此，如果你想制定大数据战略，就必须高度重视数据的正确性以及分析的精确度。我将在本书第 5 章深度剖析这一重要内容。

可变性

大数据变化无常。弗雷斯特（Forrester）研究公司首席分析师布赖恩·霍普金斯（Brian Hopkins）将大数据可变性定义为“意义的变换”。他提到了在益智问答节目《危险边缘》（*Jeopardy*）中打败人脑的超级计算机沃森（Watson）。沃森需要“仔细分析答案的意义，然后……找出正确答案”。这是非常困难的，因为词语在不同的语境下表达的意思可能千差万别。因此，要找出正确答案，沃森需要理解语境。

事实上，可变性和多样性经常被混淆。举个简单的例子，如果一个面包店供应十种不同的面包，那是多样性；而同一种面包的香味和口感每天都不一样，那就是可变性。

因此，可变性对进行情感分析具有重要意义。可变性意味着定义在不断（快速）地变化中。即使是在相似的推文中，同一个词也可能有截然相反的意思。要进行正确的情感分析，算法需要根据词汇所处的语境，对它的意义进行精确分析。同样，这极具挑战性。

可视化

这是大数据的难点。可视化就是将大量可理解的数据用易读和易理解的方式呈现。有了正确的可视化之后，原始数据就能投入使用了。当然，可视化采用的不是普通的曲线图或饼图。它采用的是既能表现数据变化，又能保证易读性和易理解性的复杂图表。

可视化也许不是最大的技术难题，但肯定是最具挑战性的技术难题。用一个图表来述说复杂的故事异常困难，但也至关重要。幸运的是，越来越多的大数据初创公司开始着力应对这一挑战了。总之，可视化意义重大。

高价值

现有的所有数据将会为企业、社会和消费者创造出巨大价值。大数据意味着大生意，各行各业都将从中获利。麦肯锡宣称，对美国医疗行业而言，大数据具有 3 000 亿美元的潜在年产值，相当于西班牙每年医疗支出费用总和的两倍多。该报告还指出，对欧洲的公共部门管理而言，大数据具有 2 500 亿欧元的潜在年产值。另外，麦肯锡在其 2011 年那份备受推崇的大数据报告中还指出，2020 年，全球使用个人位置信息的潜在消费过剩可能高达 6 000 亿美元。显然，大数据价值连城。

当然，数据自身并不具有价值。真正有价值的是在数据基础上所做的分析，以及数据被转换成的信息，甚至是知识和智慧。数据的价值在于企业如何利用数据打造一个以信息为中心的企业，并将企业的决策制定立足于数据分析所释放的洞见的基础之上。

你早该知道的大数据的 8 个事实

既然我们已经定义了大数据，接下来就需要了解一下企业发展大数据战略时应该知道的有关大数据的最重要的知识。使用大数据确实需要转变思维模式，清楚这些事实将有助于你的公司向前推进。因为它们非常重要，所以先在此进行简单的介绍，在后面的章节中还会有更为详细的讨论。

大数据需要以信息为中心的企业文化

为了真正利用大数据，你的公司需要转变为一家以信息为中心的公司。这种文化变革将会催生出更多数据驱动型决策，也将会为你的员工提供机会，让他们能够基于真实的数据（而非计算估值）制订新的业务、战术和战略计划。大数据文化鼓励员工在和顾客的每次接触中都要收集数据。他们需要提出恰当的问题，并用准确的数据加以解答。当然，转变公司的文化困难重重，不过本书将提供一个指导路线图，帮助企业创建以信息为中心的文化。

大数据背后的真正推手是公司内部人员

尽管文化变革对于充分利用大数据的潜力有重要意义，但是大数据战略的发展却取决于公司内部人员。尤其是管理人员应该清楚大数据是什么，以及如何将它运用到公司中去。明白大数据对公司的好处的决策者越多，发展和实施成功的大数据战略的可能性就越大。

需要记住的最重要的一点是，IT 部门不应负责大数据战略。IT 部门只是实现大数据战略的一种手段，不应该由它来负责整体的战略规划。这里不妨和早年的社交媒介比较一下。几年前，人们都认为社交媒介是营销的圣杯，如今，实事求是地说，它只是一种实现公司营销和战略目标的手段。这也应该是我们看待大数据的方式，即将它看作是董事会或管理层所制定的整体战略中的一个重要组成部分。

要成功开始发展大数据，首先要在公司内部找到合适的发起人，尤其是在前期回报不能确定，而成本又可能较高时。最好选择一名高管或董事，因为这些人有能力支持这个项目，即使初期产生的是消极结果。

大数据无处不在

任何数字化的事物皆为数据。越来越多的事物被数字化，并与互联网产生联系，这意味着你的公司正在接收全新领域的数据。物联网运动表明，任何产品或设备都能与互联网相连，因此都能提供数据。公司应该利用这种信息，并敢于将产品数字化。大数据见者有份——你只需拓宽视野去发现在哪里能找到它，以及如何分析和使用它。

物联网甚至能让一杯咖啡转化成数据。只要在杯子上安装一些传感器，你就能分析某人喝咖啡的时间、速度、地点、持续时间、啜饮次数、咖啡温度，以及咖啡粉和水的用量等。如果你能够收集员工喝咖啡的数据并加以适当分析，就能将它转化为信息，用来了解员工喝咖啡的习惯。当然，这只是一个玩笑，我怀疑是否有管理者会对这样的信息感兴趣，但是它表明，要想将大数据真正地融入你的公司，你应该打破常规思维。

除此之外，你也应该开始关注一下公开数据市场，它们正大量涌现。这些数据市场同时收集全世界免费和付费的公开数据集。如果将你自己的数据和这些新数据集结合起来，你就能获得全新的见解和信息。

大数据工程师将是稀缺资源

麦肯锡发布的一份报告预计，2018 年，仅美国的大数据工程师缺额就约为 14 万到 19 万人。该报告还预测，负责管理大数据工程师，并将大数据的 IT 方面和战略方面联系在一起的大数据经理缺额为 150 万人。因此，未来大数据员工需求将出现巨大的缺口。

然而，你招聘的人员并不应仅限于大数据工程师和经理，还应包括大数据分析师、大数据解决方案架构师。当然，大数据科学家也应包含在内。特别是大数据科学家很难找到，因此要价也高，经常被称为“21 世纪最令人心动的职业”。现在，全世界只有少数几个人能真正称得上是大数据科学家。

如果公司不想错过未来的发展，那就应该开始为 IT 人员培训大数据技术，尤其是想要自行开发大数据解决方案的公司。很多大学也已经在开设大数据工程课程，为接收未来的学生做准备。实际上，越来越多的大学已经在提供大数据学习项目，以及在在线平台上开设课程，比如 Coursera。

大数据需要重大安保措施

收集有巨大价值的数据集的公司需要保护这些信息，避免犯罪分子盗窃和利用这些数据。近年来，许多互联网企业和政府机构都遭受过黑客入侵，包括 LinkedIn、印象笔记（Evernote），甚至 Bitcoin。因此，保护搜集到的所有数据，意义非常重大。保护数据的方式有多种，最常见的是对信息进行适当的加密处理。当然，还有很多方法可以保护数据，所以，安保应该始终是你大数据团队工作内容的一部分。

然而，每个公司也应该设定一个危机预案，以防万一。令人惊讶的是，许多公司在面对与计算机有关的安全漏洞时，仍然不知所措。这样一个漏洞可能会带来灾难性的后果。更为糟糕的是，有些公司甚至缺乏发现黑客入侵的安保机制。

因此，公司应该为可能的入侵早作打算，要么制订内部方案，要么使用相关专业机构的服务。无法保护你的公司和顾客的数据安全，很可能意味着你的公司将走到尽头。

关于隐私的公开讨论将不可避免

伴随大数据而来的是重大隐私问题。在大数据时代，无论是线上还是线下，“老大哥”将会监视每一个人。2013 年，爱德华·斯诺登（Edward Snowden）曝光的“棱镜门”事件表明，个人隐私能并且会在这个数字时代受到影响。另外，如果不对数据进行适当的匿名处理，就会存在被重新识别的风险。尽管重新识别难以实现且代价高昂，但是并非不可能。确保数据来源可靠，从而保证数据的所有权不受侵害，这一点也非常重要。你需要正确对待数据。

互联网上有大量展示大数据负面的电影。随着越来越多的消费者觉察到大数据对他们隐私的影响，关于企业收集个人信息的限度的公开讨论将不断升级。所有企业需要为此建立明确的指导原则。

消费者们逐渐意识到了企业每天都在收集他们的各种数据。他们发现，这些企业通常会将这些数据保存很长时间，一般是两年或更久，而且如果它们愿意，还可以出售这些数据。而且，企业都会尽可能地让这些数据的用途最大化。例如，2013 年支付服务提供商 Equens 就曾试图将交易数据出售给荷兰的零售商，这立即引发了荷兰民众和议会的轰动。几天后，这家公司不得不取消这个计划。

各国政府正在大力发展大数据战略

和企业一样，政府产生的数据也在不断增加。许多政府都正在变得越来越数字化。例如，荷兰政府希望到 2017 年年底彻底实现数字化办公，不再使用纸质产品。想象一下，这个有 1 700 万公民的国家将会产生多少数据！

其他政府也在发展国家大数据战略。2012 年，美国政府为大数据领域的研发工作提供了 2 亿美元。为了存储未来产生的所有数据，美国国家安全局正在犹他州建立一个大型大数据仓库，据说能够存储 12 艾字节的数据。

欧盟竞争事务专员尼莉·克罗斯（Neelie Kroes）是大数据的支持者，她希望欧洲能走在这个领域的前沿。她看到了这个机会，竭力主张欧盟各国能与公众分享它们的数据集，以开发解决问题的应用程序。

在这些措施的作用下，公开数据集已为越来越多的企业使用，这不仅推动了创新，也为世界性问题找到了新的解决方案。越来越多的私人机构也发展起来，为企业收集公开和私人数据集。访客可以购买或免费下载这些数据集。在一些网站上，企业也可以出售它们的数据集。另外，谷歌和亚马逊都在发展大数据市场，不过规模仍然相对较小。

前面还有很长一段路要走，不过显然，政府也能从大数据提供的机会中获得很多好处。

大数据并不只体现在数据量上

人们一般认为，“大数据”一词表示大量数据。所以，很多人觉得只有在拥有几个拍字节或艾字节数据时，才可能实现大数据战略。这种观点是错误的。大数据并不仅仅体现在所收集的数据量上，也不仅仅是指在不同时刻将不同来源、不同类型的数据集合并，而是特指将不同数据集合并，并进行后续的分析，由此产生新的、有价值的见解。

这意味着大数据战略对于中小型企业也是有可能实现的。即使你的公司没有拍字节的数据，当它和公开数据集或社交数据结合时，也能获得更多的见解。

另外，大数据也指实时分析可用数据和使用算法去预测行为。实时解析对企业来说非常有价值，因为从中可以知晓顾客即将做的事情。

这就是大数据的一部分。即使数据量没有达到艾字节,也可以做这样的分析。切勿被拥有大量数据的公司吓倒。尽管更多的数据意味着更多的见解，但不一定表示能从中得出更好的见解。

迪士尼，邂逅大数据，打造更为魔幻的用户体验[①]

迪士尼是世界上最为人仰慕的公司之一。每年，迪士尼乐园会接待全世界大约 1 亿名游客。这些游客产生了大量数据，那正是迪士尼想要收集的。2013 年,这家公司声称发明了无线跟踪器“MagicBand”,即一个手环，能让游客的奥兰多迪士尼世界之旅增添更多的魔幻气息。作为回报，它能记录下游客完整的数据链。

MagicBand 与一张信用卡相关联，其作用相当于乐园的通行证。这些功能是新型 MyMagic+ 系统的一部分。其中，会员拥有许多优势，比如不用排队，可进行游乐设施预约，并可通过智能手机变更预约，等等。

同时，MyMagic+ 系统能让迪士尼公司收集顾客大量的敏感数据和有价值的数据，包括实时位置、购买历史、游玩模式，等等。同样，迪士尼也围绕游客在乐园中的一举一动建立了一个巨大的数据库。所有这些数据都在等待迪士尼去分析和使用，由此做出更好的决策，从而提升服务水平，调整营销信息。

尽管迪士尼正在收集海量数据，但也尊重游客的隐私。这家公司让游客完全掌控被收集、存储、分享或完全不能接触的数据的类型和数量。游

① 想了解迪士尼的更多相关内容，可阅读由湛庐文化策划、浙江人民出版社出版的《造梦者：迪士尼如何点亮神奇的创意》。——编者注

客可通过一个特殊的菜单，选择迪士尼是否可以在他们待在乐园的时段或回家期间向他们发送个性化的服务。必须等到游客做出选择之后，乐园才能使用 MagicBand 中存储的个人信息。然而，即使经过最严格的选择，MagicBand 依然记录了游客在乐园中的普遍活动信息。

为了发挥 MyMagic+ 系统的最大功效，迪士尼使尽浑身解数：培训了 6 万名员工使用该系统；在奥兰多 124 平方千米的乐园中安装免费 Wi-Fi。免费 Wi-Fi 能让游客在园内更频繁地使用智能手机，从而增加收集到的数据量。分析人员预计，建设整个项目的花费将近 8 亿美元。

为了存储、处理、分析和可视化处理 MyMagic+ 系统生成的所有数据，迪士尼创建了基于 Hadoop、Cassandra 和 MongoDB 的大数据平台。平台由一整套具有特定用途的其他工具来实施。早在 2009 年，迪士尼就从关系型数据库管理系统升级到了拥有第一个 Hadoop 集群，此后不久就能建成一个数据管理平台。

然而，迪士尼并未急于求成，而是从小处着手，像创业团队建立公司一样打造大数据平台。它从小型灵活的团队入手，及早发现错误，及早处理，并一直在不断改进。一开始，迪士尼使用了开源工具以节省成本，但是随着数据量的增长，开源工具不再管用。因此，它又选择了付费工具，这些工具在处理迪士尼的大量数据方面更可靠。现在，迪士尼通过分析收集到的所有数据来获得有价值的见解。它用到的分析技术有多种，包括但不限于受众分析、分类分析、推荐分析以及园内交通流量分析。

迪士尼利用大数据的机会有很多。这家公司已经体验到了 MyMagic+ 系统给奥兰多市迪士尼乐园带来的巨大成果，因此，预计会向世界上其他迪士尼乐园推广该系统。由此收集到的巨量数据将为迪士尼提供富有价值的见解，从而打造更为魔幻的用户体验。

大数据对社会的影响

自从麦肯锡著名的2011年报告发布以来,发生了许多事情。虽然在该报告中,大数据被称为创新、竞争和生产力的下一个前沿,但是前面仍然有很长一段路要走。2013年,塔塔咨询服务公司(Tata Consultancy Services)的研究显示,2012年接受调查的643家公司中,47%的公司没有使用大数据。另外,赛仕软件研究所(SAS Institute Inc.)同一年发布的大数据研究报告显示,2012年接受调查的339家公司中,21%对大数据了解不足,15%不知道大数据能给自己带来何种好处。所以,虽然有越来越多的公司在实施大数据战略,但是仍有许多公司不了解其重要性。既然有一些公司不了解大数据,大量消费者也就可能同样不清楚它的影响。

这不禁让人感到惊悚,因为大数据将会对社会和企业的管理和运作方式以及政府的组织方式产生巨大影响,最终还会波及全球经济运行的方式。

高德纳(Gartner)公司预测,大数据的发展将会推动IT开支上涨,到2016年年底将达到2 320亿美元。大数据拥有提供巨额收益的潜力,但是这只有等到所有企业和政府都开始全面使用大数据并从中获益的时候才会显现出来。

显然,影响经济,就会影响社会。大数据将会为消费者带来许多好处,比如更优质且更个性化的产品和服务、更少的能源费用,以及更高的透明度。由于量化自我(Quantified-self)运动的出现,消费者能够跟踪和监视自己的一举一动,从而更加了解自己的生活(见第3章)。但是,大数据也会影响消费者的隐私。随着社会越来越公开和透明,消费者也会感觉好像有人在不断监视自己。企业不尊重消费者的隐私权或不清楚如何处理收集到的数据的例子比比皆是。例如,2012年,Path承认未经人们许可收集数据;Twitter向大数据经纪人出售了价值几十亿美元的信息档案;WhatsApp遭遇加拿大和荷兰数据保护部门的联合调查。未来,如果再发生这种事情,这些企业可能不仅会受到政府和法律的惩罚,更重要的是,也会受到消费者抵制。如果有更好的选择,消费者可能会抛弃这些公司。

渐渐地，消费者意识到新技术的出现会让他们的隐私遭受侵犯，这可能导致新法规的建立，进而改变这一技术产业。如果政府不推进这些改革，消费者可能会要求企业改变政策、产品和它们使用的技术。因此，本书第 7 章提出了四项道德准则，帮助企业妥善处理数据。

值得庆幸的是，社会也可能成为新技术背后的推手。这里有一个很好的例子，就是社交媒体分析的崛起，因为消费者已经开始使用社交网络来联系彼此。

所以，和其他所有具有颠覆性的技术一样，大数据将会影响企业的发展。创新者和早期采用者已经投身于发展大数据战略，大数据战略将改变企业管理和运作的方式。实施大数据战略的企业已经在财务上超出同行 20%。这些企业享受到了大数据带来的好处，并对全球经济产生了影响。因此，大数据影响着社会的许多方面；反过来，社会也能影响技术。

这种“技术影响循环”是持续进行的（见图 2-1）。除了对大数据的影响外，它也能用于讨论其他新技术对企业、经济和社会的影响。一般来说，技术影响循环完成一次需要几年时间。所以，虽然奥莱利出版社早在 2005 年就首度提出了“大数据”这个术语，但我们直到现在才开始理解它对全世界的巨大影响。然而，社会将如何影响大数据仍有待明确。

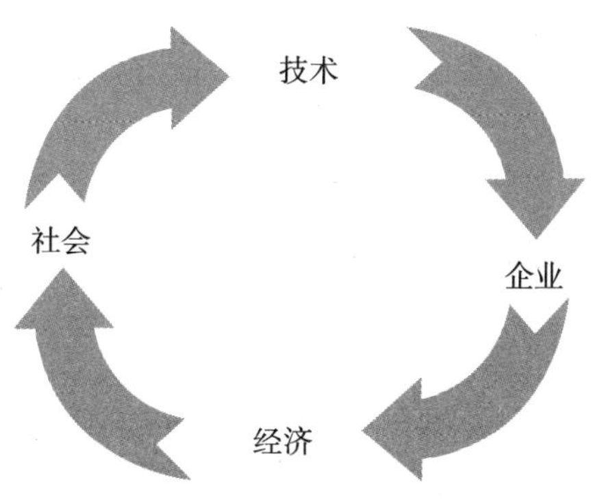

图 2-1　技术影响循环

THINK
本章小结
BIGGER

大数据时代已经来临。企业需要了解大数据是什么，以及如何使用大数据。其优势和好处非同小可，不容企业忽视。

人们通常使用 3 个“V”来说明大数据：高速度（Velocity）、多样性（Variety）和大体量（Volume）。然而，为了更加完整，还需要加上另外 4 个“V”：真实性（Veracity）、可变性（Variability）、可视化（Visualization）、高价值（Value）。

大数据包含不同数据集中的各种数据，这些数据集结合起来可提供有价值的见解，其中包括更好的顾客细分、效率更高的供应链，或降低风险的手段。不同数据集结合在一起，比如企业数据、公开数据和社交数据，将会提供更多的见解。

大数据的 7 大发展趋势

03

【大数据实践】

阿提哈德航空公司，使用大数据实现目标

喜力智能啤酒瓶，随音乐闪烁起舞

松岛新城，完全互联的智慧城市

雀巢，使用大数据实时了解 2 000 个品牌的情绪

Nike+ 游戏化平台，提供有价值见解

大数据的许多方面都影响着企业的大数据战略及实施该战略的方式。正如第 2 章所讨论的，每种类型的数据都会对你进行的分析和使用的工具产生影响。这些因素大多涉及大数据的技术方面，但是，有些趋势也会对你的战略，甚至整个公司都将产生影响。因此，密切关注这些趋势非常重要。

第一，我们将看到移动革命将会对大数据产生重大影响。随着移动设备使用得越来越频繁，智能手机的销量也在不断上升。Canalys 研究机构预测，2017 年售出的 15 亿部手机将全部是智能手机。另外，平板电脑销量也在猛增。移动设备处理大数据时，将需要使用一种不同的方法。

第二，我们将发现实时大数据能让公司产生最大的价值。分析多个来源的数以亿兆的数据不仅有趣，还能得到很多洞见，而在这些数据产生之初即对其加以分析，能获得更大的可能性。将数据实时处理、存储、分析和可视化，能让一个公司随时了解它在世界各个地方的流程、产品、机器、员工和客户的状况。如果你能够对出现的事件实时做出反应，得到积极结果的可能性就更大。

第三，物联网可能是大数据潮流中最为显著的趋势。在未来几年里，装有传感器的设备的数量可能会超过 1 万亿台。当我们连接上过去未联通的事物，就会出现前所未有的全新的可能。在这样一个互联的世界里，即使最微小的事物也将产生巨大影响。有关物联网的一个很好的例子是松岛新城。该城市里有很多智能创新，比如可自动根据行人流量调整的街灯；所有房屋都配备传感器，这也被称为住宅自动化（Domotics）。智慧城市将会给日常产生的数据量带来重大影响。物联网将会创造出一个完全互联的社会。到 21 世纪 20 年代，数万亿台设备与互联网连接，将会产生数波字节数据。所有这些数据都需要处理、存储、分析和可视化，以帮助制定更明智的决策。这将会改变我们的社会以及企业的运作和管理方式。

第四，量化自我运动的兴起，也是一个主要趋势。量化自我运动之于消费者，正如大数据之于企业。不仅企业想知道正在发生什么，消费者也想知道自己在做什么，以及如何改善自己的行为。答案是：首先要记录和了解你现在的行为方式。量化自我已经催生出一些应用，帮助消费者衡量他们生活中的一切——从睡眠质量到食物摄入量，再到卡路里的消耗量。所有这些数据都存储在云中，给予公司有价值的见解，让它们知道如何提升自己的产品。耐克就是一个充分理解量化自我潜力的公司，它能够将简单的个人运动转变为社交运动，借此产生大量数据。

第五，我们也将钻研社交大数据，也就是社交网络产生的大量数据。目前已有数百家社交网站，它们的注册用户在不断增长。所有用户共同产生了海量数据，这些数据经过分析后，能为企业提供更多的见解。显然，最大的几家社交网络平台正处于大数据技术的前沿，它们发明了一些能获得有价值的见解的算法。比如，当某上市公司所有高管突然更新他们的资料时，LinkedIn 就会看出发生了一些事情。当然，这种敏感性数据可以说非常有价值。

第六，公开数据的利用是一个不能低估的趋势。各国政府看到了大数据的优势，它们正在开放利用公共资金收集的数据集。有时，它们会免费或以成本价提供收集到的数据集。企业可以利用这些数据集获得更多的洞见，并发现新市场或目标群体。如果企业要找免费或便宜的数据集，可以去即将面世的在线数据市场或数据超市。

第七，我们将研究游戏化的潜力，看看它能如何帮助企业在方便用户且令人愉快的环境中产生大量数据。

通常来说，小趋势只能持续几年，而大数据是大趋势，这七个趋势也构成了企业应对大数据挑战的重要战略组成部分。在接下来的十年里，它们将继续存在，企业在制定任何大数据战略时应加以重点考虑。

趋势 1，移动大数据

移动设备在近几年内迅速崛起，将对大数据产生重大影响，尤其是在可视化方面。2013 年，超过 20% 的网站访问来自移动设备端。移动设备不仅指手机，还包括平板电脑。尽管仍然有很大一部分手机不是智能手机，但人们预计这一局面将在接下来的几年里发生改变。

2013 年年底，全球正在使用中的智能手机已达到 14 亿台。高德纳公司预测，2017 年，平板电脑的销量将达到个人电脑的 1.75 倍。智能手机市场增长的主阵地已不再是西方国家，75% 的新型手机销量将集中在非洲和亚洲市场。

移动大数据可能会对一些产业产生开拓性的影响，比如医疗保健。如果医生的智能手机或平板电脑中携带有患者所有重要的大数据信息，他就能在患者病床旁或手术室中利用这些信息。无疑，这将改变医疗保健产业的运作方式。

移动时代已经来临，这需要公司改变运作方式。它会对大数据产生什么影响？移动大数据又如何能让你的公司提升价值呢？

移动革命

随着移动设备上网速度越来越快，消费者对等待网络连接也变得越来越不耐烦。现在，人们希望的网络连接时间仅为 3 秒，而且最多愿意等待 5 秒，如果超过 5 秒，74% 的消费者会选择断开连接。更具挑战性的是，71% 的消费者甚至希望移动浏览器加载网页的速度能和台式电脑一样快，甚至更快。无论用户使用 3G 还是 Wi-Fi，情形都相同。

幸运的是，电信网络在不断升级，在少数国家，4G/LTE 网络已经建成。然而，要像 3G 网络那样普及，尚需时日。另外，5G 时代也即将到来。2013 年，欧盟竞争事务专员尼莉·克罗斯为欧洲在 2020 年步入 5G 时代争取到了 5 000 万欧元。然而，4G/LTE 网络的资费还是比较昂贵，再加上 5G 为时尚早，消费者仍不得不忍受较慢的 3G。不过，有一点十分清楚：未来移动设备上的数据使用量将不断增长。爱立信预测，2018 年，每部智能手机平均每月的数据使用量将增至 1.9GB，而 2012 年仅为 450MB。[①] 每台平板电脑的数据使用量将由 2012 年的 600MB 增至 2.7GB。到 2017 年，我们将拥有 15 亿部新智能手机和 11 亿台新平板电脑，这大约会产生 6 艾字节的新移动数据使用量。

移动大数据是什么

那么，移动大数据到底是什么呢？从根本上说，就是在移动设备上提供大数据分析的结果。分析本身不能在移动设备上完成，所以移动大数据只能为消费者或企业提供在移动设备上访问可视化分析结果的路径。虽然这听起来简单，但是其中涉及很多挑战。

移动大数据的挑战

第一，即将到来的“自带设备”趋势对 IT 部门将是一个挑战。这意味着员工上班需携带自己的移动设备，而不再是使用公司提供的设备。越来越多的公司不再为员工提供手机、平板电脑和笔记本电脑，而是让员工自带设备。这样，公司将需要仔细审视自己的信息安全规定。

在“金砖四国”中的巴西、印度和俄罗斯，约有 75% 的公司职员上班自带设备。虽然 IT 部门不愿意为不受它们管理和控制的设备提供支持，但是，由于这样做不仅降低了公司成本，还方便了员工，所以这一趋势不可阻挡。

---

① 1GB=1 024MB。——译者注

不过，相比公司的个人计算机、笔记本电脑或智能手机，私人移动设备通常安全性和约束性更差。微软、IBM 等多个公司正通过开发公司平台来提供帮助，公司职员可以使用这些平台安全下载必要的应用，并确保这些个人设备所传输的数据安全。2012 年，IBM 宣布推出“基于风险的移动用户身份识别控制，将访问管理集成到移动应用的开发、部署以及移动设备的强化控制中”。

如果公司想要从员工个人的移动设备所提供的大数据分析中得出公司层面的决策，就必须确保高度安全性。为了实现这一点，公司必须迅速开展工作，因为有很多事情要做。它们应该：

- ◎ 确定哪些员工拥有通过个人移动设备访问公司数据的权限。特别是，公司的敏感数据不应向所有员工开放访问。
- ◎ 规定哪些数据能通过 3G/4G 网络浏览，哪些数据只能通过安全的 Wi-Fi 浏览。归根到底，公用的 3G/4G 网络始终比公司内部的 Wi-Fi 风险更大。
- ◎ 培训员工如何确保个人移动设备上的数据安全。正如公司应该培训员工如何对待公司设备上的数据一样，它们也应该培训员工如何对待私人设备中公司的敏感数据。
- ◎ 就如何处理个人设备上的敏感数据和如何应对危机，制定策略，记录下来，并开展沟通。
- ◎ 让 IT 部门为与各种设备相关的许多问题做准备。

第二，屏幕尺寸变小需要调整可视化水平。移动设备可能会采用视网膜显示屏或全高清显示屏，但它仍然是并将永远是小屏幕（当然，平板电脑除外），这样才能随时随地使用。而对于智能手表（屏幕规格为 128 × 128 像素）和谷歌眼镜（显示分辨率为 640 × 360 像素）来说，这个挑战甚至更为艰巨。不过，这不是大问题，只要换一种方式就行了。

毕竟，小屏幕每次只能显示少量信息，所以程序员将必须挣脱台式电脑框架的束缚。大数据创业公司 Zoomdata 非常清楚这一点，认为移动设备是更为理想的选择，因为它拥有直观的触摸屏。Zoomdata 支持用户在平板电脑上浏览它的互动图，同时也融合利用了平板电脑所有的优点。

第三，移动设备都带有键盘（智能手表和谷歌眼镜除外），但是上面的按键对于许多人来说都是一个麻烦。在移动大数据控制面板上输入查询，既麻烦又费时，而且还容易出错，最终会导致不必要的查询和数据传输。

移动大数据的优势

虽然面对着如此多的挑战，但是移动大数据的优势证明了投入大量时间和金钱去克服这些挑战是值得的。那么，它的优势是什么呢？

第一，大量传感器为收集数据创造了许多机会。例如，iPhone 就拥有以下各种传感器，在未来，传感器的数量只可能上升：

◎ 近距离传感器，测定 iPhone 和人脸的距离。

◎ 运动传感器 / 加速计，能让 iPhone 在横屏模式和竖屏模式之间自动转换。

◎ 环境光传感器，测定空间内可用光的量。

◎ 湿度传感器，监测 iPhone 是否进水。

◎ 三轴陀螺仪，提升对 iPhone 移动状态的感应能力。

◎ 磁力计，测量 iPhone 附近的磁场强度和 / 或方向。

◎ GPS 传感器，确定地理位置。

这些传感器能够提升移动设备可视化的效果。它们所提供的工具和产生的影响都与台式计算机不同，因此可以增强我们对大数据的洞见。无论是创立大数据企业还是发展大数据战略，将移动大数据考虑在内，以及充分利用当前移动设备中的传感器都是明智的选择。这样，企业就能提供更好的用户体验，反过来也会提升应用程序的用户量。

第二，移动设备让随时随地访问你的所有数据成为可能。这将提高员工的生产力。例如，数据仓库的员工在他的平板电脑中有了所有必要的数据，就不必为获得必要信息而到处找台式电脑了。

第三，推送消息的利用能让实时数据分析产生的影响最大化。只要数据分析触发了一个事件，无论何时，都可以通过移动设备向用户推送。这能带来及时响应，否则用户就需要坐在台式电脑面前才能获得信息。如果移动设备也允许用户立即回应，效率以及顾客满意度都将得到极大的提升。

公司使用移动大数据时应遵守的四项准则

为了成功使用移动大数据，企业应遵守以下准则。这些准则将帮助企业充分利用移动大数据战略。

准则 1，使用简单、智能的可视化

尽管移动设备的小屏幕需要换一种可视化方式，但是大量传感器都支持极其智能的可视化。企业应该记住：小屏幕上应该只显示最重要的信息，因为太多的信息会让用户感到困惑。对于微小型屏幕，这一点尤其突出，比如智能手表或谷歌眼镜。首先向用户展示重要信息，然后如有需要，再提供深入了解的机会。记住，要简化用户找到更多信息所需的步骤；使用小屏幕不适宜太多的操作。

准则 2，支持声音识别功能

移动大数据键盘应能识别声音输入。谷歌眼镜和智能手表就没有键盘，它们几乎完全依靠声音或简单的触摸手势来感应。即使是智能手机和平板电脑，使用键盘来输入（长串）查询通常都不方便。

准则 3，确保可视化快速加载

用户希望移动设备的运转速度快如闪电。复杂的数据分析都是在云端完成的，而分析结果则被发回移动设备。当用户通过 3G/4G 网络在移动设备上访问

大数据可视化时，就要考虑到这一点。数据密集型任务可能轻易就会耗完每月的数据流量包，而用户则会为此懊恼不已。在 3G/4G 网络下，要侧重于用户需要执行的最重要的分析，仅当用户使用 Wi-Fi 时，才允许加载其他的分析和可视化。

准则 4，确保数据传输安全

移动大数据要求授予移动设备访问（敏感）数据结果的权限，但是仅有 4% 的智能手机受到安全软件的保护。因此，你需要确定哪些数据是敏感数据，并确保仅当特定用户连接经过安全认可的 Wi-Fi 时才能访问该数据。特别是，医疗机构不宜通过公共 Wi-Fi 或 3G/4G 网络发送敏感数据。

移动大数据的未来

我们正处在移动革命的边缘，因此无法看清移动大数据的未来。Pando Daily 网站的一位作者纳撒尼尔·莫特（Nathaniel Mott）曾宣称，计算机的未来将围绕头脑和手腕之争，而不是台式和移动之争。在不久的将来，我们的周围可能会充斥着未知的新型移动设备，所有这些设备都需要一种应用移动大数据的不同方式。企业必须及时进行调整，以满足移动未来的需求。

趋势 2，实时大数据

有了如此之多的可用数据，你就会想要在数据生成之初即对其加以使用。未来，实时分析将会获得迅猛发展，因为它具有许多优势。分析网站访客的特征，并能让访客在一毫秒内返回一个个性化的主页，这种能力将会提升你的访客转化率。在高速信息时代，能否使用实时大数据分析将是你的公司和竞争者之间的重要区别。因此，越来越多的公司将期待基于实时信息做出日常业务决策。

所以，数据的积累是一回事；实时存储、分析数据，并将它可视化处理完全是另外一回事。实时见解能让你完全了解公司内部和外部正在发生的情况。问题是：实时大数据的优势是什么，挑战是什么，以及哪些工具可用于大数据的实时处理？

实时大数据的优势

1. **立即发现公司内部的错误。**实时故障分析能帮助公司迅速反应，减轻操作问题造成的影响，这样就能避免该操作拖后腿或导致任务完全失败。它也能防止顾客因为故障而停止使用产品。有了实时的见解，问题就能迅速得到解决。

2. **迅速了解竞争中出现的新战略。**有了实时大数据，你就能在竞争中保持领先位置。另外，当竞争对手改变战略或降低价格时，你能立即获知该消息。而在大数据时代之前，这可能需要大量的时间。

3. **服务得到大幅提升，也会带来更高的顾客转化率和额外的收入。**如果企业对顾客所使用的产品进行监控，就能提前反应，避免发生故障。例如，配备实时传感器的汽车能在意外发生之前，提醒驾驶员存在问题。传感器会通知驾驶员维修车辆，更理想的情况是，能够预测出是哪个部件出了故障。传感器实时识别问题，判断是否需要采取相应的行动。如果需要，则通过查看你的日程和识别你的位置，来搜索最近的汽车修理厂。修理人员到来之前就已经接收到了鉴定该问题所得出的数据分析，所以不必再花时间检查，可以立即进行修理。

4. **在诈骗发生之初即能侦查到，并且可以采取适当措施控制损失。**金融领域对犯罪分子的吸引力非常大。有了实时安全防护系统，就能立即得知非法侵入公司的行为，IT 安保部门就能迅速采取相应行动。在金融行业中，跟踪大量信用卡交易早已成为惯例。只要出现了可疑交易，相应银行就会得到示警以采取行动。当前技术的缺陷是银行也许要到诈骗行为完成之后才能得知。有了强大的实时大数据分析之后，就能在诈骗交易发生之前发觉，而银行就不会授权完成该交易。

5. **节约成本，提高收益。**进行实时大数据分析也许需要高昂的成本，但是，最终它将会为你节省一大笔钱。有了实时分析，企业领导者就能立即获知企业的整体状况。如有必要，能立即采取行动，从而节省开支或提高收益。股市尤其能从实时分析中获益。在竞价前的一毫秒内能够分析和识别出一支有价值的股票，确实能大幅提高收益。

6. **能提供更优秀的销售见解，从而带来额外收益。**实时分析能让你了解到当前销售的确切情况。如果一位互联网零售商发现某产品的销量非常好，它就能采取措施以防止错过商机或营收下降，比如，根据特定地理位置的实时需要来调整库存水平或价格。

7. **紧跟顾客趋势。**对竞争性产品、促销活动和顾客行为进行分析，能为了解顾客趋势提供有价值的信息。实时分析能让企业更快地制定出更符合当前顾客要求的决策。

实时大数据的挑战

当然，实时分析所呈现的并不全是积极的方面，它也提出了一些挑战。实时分析需要特殊的计算能力，当前标准版本的 Hadoop 还不适用于实时分析，所以，需要购买和使用新工具。不过，有一些工具能胜任这一任务。

使用实时见解需要你的公司换一种运营方式。如果你的公司通常一周仅接收一次见解（这在许多公司中很常见），那么要每秒都能接收，就需要运用新的运营方式和方法。接收见解之后，就要采取行动。需要实时做出反应，而不是每周一次。这将对公司文化产生重大影响，而你的目标也应该是让公司实现以信息为中心的转型。

实时大数据工具

越来越多的工具让实时大数据处理成为可能。在 Hadoop 提供实时分析之前，可以使用以下产品：

◎ Storm 现为 Twitter 所拥有，是一个实时分布式计算系统。它使用一套一般基元来执行实时分析。Storm 使用方便，适用于任意程序语言，而且具有很强的扩展性和容错能力。

◎ Cloudera Enterprise RTQ 工具提供针对 HBase 或 HDFS 所存储数据的实时、交互式分析查询。它是 Cloudera 的开源工具 Cloudera Impala 的重要组成部分。有了 Cloudera Impala，也可以在 Hadoop 上执行实时特殊查询。

◎ GridGain 是一种使用 Java 的企业开源网格计算。它与 Hadoop DFS 兼容，是 Hadoop 的 MapReduce 的替代品。GridGain 提供了一个分布式、内存、实时且可扩展的数据网格，让数据源和不同应用联系起来。

◎ SpaceCurve 是正在开发的一款能够发现多维地理数据基本模式的工具。地理数据与一般数据不同，因为移动设备迅速生成新数据，其方式与传统数据库相异。SpaceCurve 提供一个大数据平台，2013 年 2 月 12 日，它的工具每秒能运行数亿字节的复杂查询，由此创造了一项新的世界纪录。

当然，还有更多可用的实时工具，不便在此一一列举。实际上，实时大数据是一种趋势，将在未来几年内发展壮大，从而对所有企业产生重大影响。实时大数据可能会是大数据的终极用途。

阿提哈德航空公司，使用大数据实现目标

阿提哈德航空（Etihad Airways）公司是阿联酋的国家航空公司，创立于 2003 年，至今不过 11 年，总部设在阿布扎比。它开设了通往全世

界 55 个国家、89 个目的地的航线，每周接待航班超过 1 200 架次，每年输送乘客达 1 000 万人。该公司的目标是成为一个真正的 21 世纪全球航空公司，挑战和改变航空服务业的既定惯例。为了实现这一目标，阿提哈德航空公司求助于大数据。它将大数据用于多个方面，比如，通过优化价格策略以最大限度地提高收入机会，预测维护，以及提升乘客机上体验。

阿提哈德航空公司开发的最有趣的大数据应用之一是连接工业互联网。实际上，这是机器和工业设备（比如飞机）的物联网。它使用复杂的算法收集和分析每架飞机上的传感器实时生成的大量数据。阿提哈德航空公司还使用了 Taleris（通用电气公司和埃森哲公司成立的合资公司）提供的工具，来对所有空客和波音飞机进行实时控制。传感器帮助阿提哈德航空公司实时监控飞机，并且在飞机飞行时管理和预测维修，提早发现问题，降低油耗，以及缩短在机场的周转时间。这样一来，阿提哈德航空公司的飞机就能把更多的时间花在飞行上，在地面上的时间则会减少，因此将能够省下大量资金。

传感器提供的数据经过分析后能够转化为有价值的信息。阿提哈德航空公司负责技术方面的高级副总裁沃纳·罗腾贝歇尔（Werner Rothenbaecher）在博客上表示，阿提哈德航空公司可以使用这些信息“迅速做出维修决策，同时在运行状况的判断和预测方面获得领先地位……能够预测未来的故障，采取预防性措施来减少对公司全球业务的意外干扰”。2013 年 6 月 20 日，阿提哈德航空公司总裁贺国健（James Hogan）在国际航空电信协会（Society International De Telecommunications Aeronautiques，简称 SITA）举办的航空运输峰会上说，这个应用广泛的工具将让乘坐阿提哈德航班的旅客获益，因为航班延误将会减少，可靠度将会提高。

为了更进一步提升乘客体验，阿提哈德航空公司也采用了国际航空电信协会的 CrewTablet 工具，它能让全体机组成员通过平板电脑访问任意工作数据或乘客数据，也是移动大数据的一个很好的实例。

趋势 3，物联网

再过几年，我们讨论传感器生成的数据时，就要用到波字节去衡量了。物联网是指可以通过一个 IP 地址进行识别的物品，且它们都与互联网连接。物品（可以是任何东西，一辆汽车、一把椅子或一瓶苏打水）添加识别标志后，就可以通过计算机和算法来管理和清点。这些物品都安装着传感器，这些传感器收集的数据再与一个类似互联网的结构共享。物联网，或者说机器到机器（Machine-to-Machine，简称 M2M）的通信将让数十亿或数万亿台设备相互连接在一起，由此产生难以估量的数据。到 2020 年，全世界 40% 的数据将是 M2M 数据。当然，这种数据必须经过处理、存储、分析和可视化之后才会有意义，才能推动你的事业发展。

传感器数据，或者说 M2M 数据是机器传感器所得读数转化而来的数据。这些传感器会定期或实时测量各项条件，它们可能是无线射频识别标签，或者是能使设备变得智能或者支持其他传感器的软件。收集到的数据包括日志数据（特别是电信公司的）、地理位置数据、故障诊断（在需要维修时向你发出警报）、CPU 利用率、温度、规则，等等。这些数据可以与关键绩效指标（Key Performance Indicator，简称 KPI）联系起来。当超过阈值和需要采取措施时，KPI 会发出警报。

物联网不仅能让当前的商业模式得到改进，也能开辟全新的商业模式。它早已遍布我们周围，而且脚步不可阻挡。以下几个产品示例显示了这些可能性：

◎ Progressive 公司在美国推出了根据车辆使用情况定价的保险。该公司使用了一个叫 Snapshot 的小设备，用户将这个设备与汽车相连，就可以记录自己的行车记录。你的驾驶情况越好，保险费用就越低。

◎ Glowcaps 将处方药瓶变为自动提醒用户吃药的设备。当药瓶打开时，瓶盖中的一个芯片就会进行监控；而如果用户忘记吃药，芯片就会加以提醒。家庭成员可以在网上查看报告，从而跟踪家中老人是否已吃药。

◎ Beam 科技公司发明的蓝牙牙刷能追踪用户的刷牙情况，包括哪片区域刷到了，哪片区域遗漏了。

物联网追踪地球状况

所有传感器都将收集大量数据。只需看看飞机、各种机器和移动设备产生的数据就知道了。有关物联网的一个极端例子是惠普实验室和壳牌公司开发的“地球的中枢神经系统”（Central Nervous System of the Earth，简称 CeNSE），旨在让地球上的生命更安全、更舒适。安装在所有设备和机器上的数以亿计的低成本自供电纳米传感器，将能够监测地球的状况和人类对她的影响。惠普实验室预测，到 2020 年将需要一万亿个传感器来执行这一任务，相当于人均 150 个传感器。

当然，如此多的可用数据既带来了挑战，也有一些好处。例如，传感器可以在机器真正损坏之前，提醒你机器需要维修，从而降低了维修成本。这不仅节省了维修费用，还能将机器的停工时间降至最小，同时也提高了顾客的满意度。

传感器数据也可以将符合特定标准的观测与其他数据集联系起来，得到新的洞见。这种数据的结合能得出与特定情况相关的见解。SenSorGrid4Env 公司就使用环境传感器数据来管理和了解环境，它还将这些信息提供给应急响应工作队，以防灾难发生。

越来越多的系统实现了互联，挑战就在于将这许多的数据集处理、存储、分析和可视化，最好是能实时操作。管理所有引入的数据确实需要不低的软件和硬件成本，但是你能从中获得更高的收益。

好处之一就是，在许多情况下，传感器都能提供大体量、高速度的数据，这些数据结构一致，易于管理。这样，企业就能将不同传感器数据与业务或公开数据相结合，从而发现新模式、趋势或市场。

启动

传感器数据应从小处做起，因为它轻易就能发展壮大。先选择一个蓝本，然后在此基础上逐步扩大。项目范围灵活且适度发展的企业最有可能取得成功。然而，规划应涵盖从开始到最后能够支持非常大的数据集的所有内容，避免项目以后出现不愉快的意外。我将会在第 5 章介绍一个启动大数据和发展一个成功大数据战略的路线图。

互联网的兴起带来了无限的可能性。地球将成为智慧星球，这里的一切事物都会实现随时物联化、智能化、互联化、在线化。它的潜力巨大，潜在用途广阔。为了在竞争中领先，也为了让顾客满意，不妨仔细思考一下，物联网和收集传感器数据能为你的公司做什么，思考你所拥有的产品，以及怎样才能将这些产品转化为数据。正如第 2 章中所讨论的，一杯咖啡或者一杯啤酒都能产生数据。

喜力智能啤酒瓶，随音乐闪烁起舞

关于物联网的一个极好的例子就是喜力（Heinenken）在 2013 年米兰设计周上推出的智能啤酒瓶。喜力引入 Ignite 数据库缓存系统，使用 LED 灯和无线传感器为顾客打造全新的体验。运用现代技术开发的这种智能啤酒瓶，旨在提升喝啤酒的社交互动效果。据喜力发布的一篇文章称，它采用了 8 个 LED 灯、一个 8-bit 微处理器、一个加速器、一个陀螺仪，以及一个带天线的无线网络收发器。它还拥有 50 个共同协作的独立电子元件，可以安装在一个普通的啤酒瓶底部。

当众人祝酒碰杯时，每个啤酒瓶都会发光。当你小口啜饮时，LED 灯光会快速闪烁，而如果把啤酒瓶放置在吧台上不动，它就会进入休眠模式，逐渐熄灭，直到再次被拿起。此外，这些传感器也能接受远程控制，与音乐节拍保持同步，将派对引向一个全新的高潮。

一些机构预测，传感器的数量最终将会达到数万亿，但是关于何时实现以及这些传感器能够收集多少数据量，这些机构的意见不统一。

无线世界研究组织（Wireless World Research Organization）预测，到 2017 年，传感器将达到 7 万亿个。CeNSE 则预测，到 2020 年，将有 1 万亿个传感器，它们每年将催生 50 泽字节的数据。互联网数据中心则称，到 2020 年，这些传感器将收集到 40 泽字节的数据。IBM 预测，2015 年用于情境感知计算的传感器将达到 1 万亿个。尽管这些预测存在着差异，但是，显然未来联网设备的数量将非常巨大，这种增长也将创造一个遍布全球、价值上万亿美元的业务。思科公司认为，到 2020 年，物联网将会催生出一个价值 14 万亿美元的全球业务，而这个业务将对所有行业产生影响。如果我们考虑到当前全球 IT 开销约为 3.5 万亿美元这一事实，那么显然我们正步入一个非常有趣的时代。

计算机行业

2012 年，在第 7 届“5 in 5”[①]会议期间，IBM 展示了能改变人们未来 5 年工作、生活和互动的方式的 5 项创新，这些创新与人类的 5 种感官相对应，分别是：

◎ 触觉：人们能够通过触摸屏操作手机

◎ 视觉：一像素将抵得上一千个文字

◎ 听觉：计算机将能听到重要事件

---

① IBM 在每年年末都会发布，预测未来 5 年将改变人们生活的 5 项创新。——译者注

◎ 味觉：数字味蕾将帮助你更为智能地进食

◎ 嗅觉：计算机将拥有嗅觉

“5 in 5”是基于全世界的市场、技术和社会趋势制定的，而这些趋势能够使这些变革成为可能。计算机设备中的传感器将能够模仿我们的各种感觉，从而改变消费者对待联网设备的方式。

医疗行业

传感器时代将对医疗行业产生意义深远的影响，其范围将包括个性化医药、营养、疾病预防，以及对患者进行实时健康监测。到 2020 年，人们到医院就诊的频率将会减少，因为医生将可能从患者穿戴设备上的传感器接收到所需的全部信息。而且，通过在患者的药物中添加纳米传感器，医生也能实时监控药效。

一些公司正鼓励开发能够立即诊断疾病的传感器。例如，2011 年，美国高通公司（Qualcomm）悬赏 1 000 万美元，希望获得第一个能够捕捉主要健康指标和诊断 15 种疾病的三录仪。报名开始后，2013 年，16 岁的杰克·安德拉达（Jack Andrada）声称已经制造出一个基本满足这些要求的三录仪。然而，他不是唯一一个想要获得这次悬赏的人，跃跃欲试者还有很多。

传感器进入医疗行业意义十分重大。如果设备能够实时测量与患者相关的各项数据，那么消费者的医疗保健水平将会得到大幅提升，而且支出也将会减少。

松岛新城，完全互联的智慧城市

智慧城市松岛是世界上第一个“盒子里的城市”。它的最初设计开始于 1996 年，到 2015 年完工。松岛选址在韩国一片 607.5 公顷的人造陆地上，可以说是一场城市设计的革命。它距离首尔不到 65 公里，距离仁川国际机场 10 公里，拥有商业办公区、零售店、住宅、酒店以及市政、文化设施。这坐城市由思科（Cisco）、3M、浦项建设（Posco E&C）以及联合技术公司（United Technology）合作共同开发。

松岛将成为一个完全互联的城市，城市里几乎所有的设备、建筑物和街道都将配备无线传感器或微芯片。这将催生出一些智能发明，比如根据人行道上的行人数自动调节的街灯。所有房屋都将配置传感器（也被称为住宅自动化），这些传感器能够通过客厅中的大屏幕进行控制。同样，这些远程监控屏幕也将应用于所有办公室、医院、学校和购物中心。

松岛项目开始于 2000 年，预计成本为 350 亿美元，代价高昂。思科早前曾保证，这座智慧城市将实现光纤宽带全覆盖。当时预计到 2016 年，将有 65 000 人在这里定居，另外将有 30 万人每天往返于这座城市。这些人都将使用众多联网设备和服务，因此会产生大量数据，然后这些数据被发送给计算机处理器，以保持松岛正常运作。

此外，交通状况将通过汽车上的无线射频识别标签来监测。传感器将向中央监控单元发送地理位置数据，然后中央监控单元针对事故多发路段或拥挤地区发出提示。由于公共交通全部联网，所以随时能掌握所有驾驶者的位置。传感器甚至能追踪到市民将垃圾扔入垃圾箱的行为，所以在松岛，即使是垃圾也能产生数据。

气候、能源损耗、休闲活动以及用水都是如此。松岛还会设置特殊摄像机负责安保监控，小孩也会佩戴装有传感器的手链，这样他们就能随时被定位。另外，智能能源网将确保能源适应供需要求。

中央监控中心将实时收集、分析和监控所有数据。有这么多的市民和工作者使用联网设备和服务，松岛因此将会成为一个大数据的创造者，能把大数据引向一个新的水平。数据将会为人们在智慧城市中工作、生活和思考提供有价值的见解。这些信息也能用于改善这座城市。

松岛并非目前正在开发的唯一智慧城市，阿布扎比的马斯达也是一个真正互联的城市。虽然我们无法确定人们的行为是否会因为居住在智慧城市中而有所改变，不过有一点很明确，那就是智慧城市将对每天生成的数据量产生重大影响，也将改变城市运作和管理的方式。

家庭数据

松岛使用的住宅自动化方案在全球许多家庭得到了广泛应用。家居自动化也受到普遍支持，它将让我们的生活变得更方便。想想家庭自动化系统：它整合了所有电气设备，让用户能够在任何地方通过智能手机或平板电脑访问这些设备。通过一个应用程序就能打开和关闭电灯；起床闹铃一响，就自动开始冲咖啡；冰箱能显示库存。当你不在家时，使用一个应用程序就能给予其他人进入你家的权限。

过去数十年，这样的“未来家庭”还是新奇事物，现在却已经得到了广泛的普及。最终，传感器将成为家庭中所有电气设备的一部分，无论是厨房设备、浴室用具，还是家庭安保设备。

零售市场

在美国，平均每家杂货店拥有 5 万多种产品。无线射频识别标签将改变超市的运作方式，让跟踪产品变得更为便捷。Real Future Store 作为德国的一家概念店，正是这种新型传感器方案的运动场。使用无线射频识别标签，超市就能向顾客提供更多信息。无线射频识别标签能够包含产品制造商、规格和价格等信息。借助无线射频识别标签，系统就能自动为即将过期的产品打折。购物者也无须将商品放在传送带上等待收银员扫描，因为所有的无线射频识别标签都将在顾客离开超市时直接被扫描。不过，需要扫描的标签数量将十分巨大，仅美国就有超过 35 000 家超市，每天需要扫描的无线射频识别标签达 17.5 亿个。

企业应该如何准备

传感器时代生成的这数波字节的数据将影响到所有行业。你的公司应该如何为大传感器时代做准备呢？

首先，企业应该识别那些能够利用传感器进行改进的产品，以提供更好的用户体验。这种加强型体验可能意味着提供更多的特征（量化自我运动）、给予新的见解（例如智能能量计）或降低维护成本。公司可先从小处做起，选择一种准备认真检验的试验产品来实施传感器计划。然后，企业应了解如何收集信息，需要怎样存储信息，如何分析信息，以及如何将信息发送给用户和 / 或制造商。收集到数据后，就能立即用来识别模式、异常值和错误，从而改善产品。再然后，就要在整个企业中贯彻这些改变。

物联网将打造一个完全互联的社会。到 21 世纪 20 年代，数万亿设备连上网络将会生成数波字节的数据。所有这些数据都需要处理、存储、分析和可视化来改善决策。它将改变我们的社会，以及企业运作和管理的方式。尽管 2020 年看似遥远，但是将你的公司转变为以信息为中心、基于传感器的公司也需要大量的时间和精力。因此，为了不被甩在后面，现在就开始准备吧。

趋势 4，量化自我

虽然大数据经常被说是对企业十分有用，但是它也与消费者的私人生活息息相关。未来将会出现越来越多量化自我的应用，让消费者存储、跟踪、解读他们自己的生活，并将之可视化。饮食、睡眠和运动习惯等数据将充斥着你的生活，还有视频记录你全部的生活。另外，还会出现一些应用将这些单独应用中的所有数据整合到一个关于你生活的大数据应用中。这些应用的问世只是一个时间问题，到时，它们就能将你手机和社交媒体中的地理位置数据与其他数据融合在一起。你甚至能够和朋友、同事进行比较。这种应用其实早已出现在市场中，不过它们的功能还不很完善。

量化自我应用拥有生成大量数据的潜力。借助这些数据，它们能够映射整个人口群体的信息。是不是很恐怖？是的，也许就是这样，但是消费者一直都渴望获得他们自己生活的信息，所以他们很高兴能参与其中。

量化自我运动出现于 20 世纪 70 年代，但是直到最近因为物联网和与智能手机相连的监控设备的使用才风靡一时。今天的智能手机配备了各种各样的传感器，几乎可以跟踪所有的信息，因此，量化自我意味着消费者的大数据。这对你的公司又意味着什么呢？

量化自我特别针对的是提升健康水平和改善行为。正因为如此，许多设备帮助消费者追踪他们的心情、睡眠规律、运动、心率和压力水平、饮食，甚至他们遛狗的频率。因此，这场运动的目标人群是那些愿意让他们的个人数据被收集并且（很多时候）公之于众的人们。

日益增长的量化自我创业公司

硅谷对于量化自我运动尤其感兴趣，几乎每天都有新设备或追踪软件问世。这里也有许多实例，展示了消费者如何使用这种设备改善自己的生活方式，提升睡眠质量，让自己的感觉更敏锐、身心更放松、状态更清醒，并最终成为更有效率的员工。

这些产品和应用程序的数量正在稳步增长。使用一些应用程序需要额外的设备，比如量表、腕带或智能手表，但是有一些新应用程序则没有这样的要求。一些比较著名的包括：

◎ Withing 拥有一个可连接 Wi-Fi 的量表，可测量多项健康数据，包括心跳和体重，并且能立即与朋友在线分享该信息。

◎ Fitbit 是一个监测运动和睡眠的无线腕带，能用于多种测量，比如你走路的步数、卡路里消耗量以及睡眠质量。

◎ HAPI 餐叉可追踪用户吃饭的速度、用时以及频率。它也会在你吃得太快的时候发出震动。

◎ Jawbone 发明了一个腕带，可追踪和监控用户的睡眠状况以及其他类型的数据。

◎ Foodzy 能让你在社交平台上分享你正在吃的东西，以更好地理解你的饮食习惯。

◎ Moves 是一个免费应用，对硬件设备无特殊要求，能监测你走的步数或者你骑车、跑步的路程。

尽管要找到这些应用程序的商业模式可能很难，但开发出它们的公司很容易能获得投资。例如，2013 年，Moves 应用获得了 120 万欧元的风险投资；其他创业公司也获得了上百万资金（可扫描右侧二维码，进入科技博客网站 Venture Beat 查看相关情况）。

扫码了解量化自我的创业公司情况

科学模式

量化自我运动也对科学研究模式有重要影响，它能通过收集大量数据来验证研究发现。PatientsLikeMe 就是一个数据驱动型的健康社交网络平台。它让用户分享身体状况、治疗以及病症方面的信息，以更好地监测他们的健康，了解实际结果。现在，数以万计的消费者在分享这种信息，这种信息也正在产生深刻见解。而在过去，这是需要耗费大量时间才能收集到的。

另一家医疗保健公司是23andme，它帮助消费者测定他们的基因序列，并开始探索他们的DNA。消费者能借此知道自己患上特定疾病的风险在增加还是减少。如果他们愿意，还可以分享自己的DNA信息推动医学研究。

作为物联网的一部分，其他产品也在帮助消费者更好地理解他们的生活。例如，Delphi Connected Car设备收集汽车内部传感器的数据。一般来说，这种数据只向汽车制造商开放，不过现在普通车主也能使用它。该产品实质上是一个电子狗，可以插入汽车的诊断端口（1996年后生产的汽车都有这样一个端口）。它可以监控和记录你的出行次数、行车地点、车速、车辆的状态以及引擎故障码，也能记住你的停车地点。所有信息都显示在一个iOS或Android的应用上。

量化自我和你的公司

全世界的组织机构都开始看到量化自我运动的价值了。所以，它们在自己的产品中加入传感器，以此作为一项服务向顾客提供，从而了解他们如何使用该产品的相关信息。这种有价值的信息能让公司更快地改进产品，避免了广泛的市场研究带来的高昂费用。这样一来，记录我们的生活将变得更为容易，因为未来的产品几乎都会包含某种收集数据的传感器。唯一的问题是，你是否想要使用那些数据来更好地理解和改善你的生活。公司可能会推动这一运动，激励员工监测自己的生活，因为多一点认识，员工会更健康、更有创造力。

量化自我运动已经获得了动力，在不久的将来，我们将会看到有大量互联设备在记录、监测和分析我们生活中的所有活动。

趋势5，社交大数据

社交网络上的活跃用户仍在飞速增长。让我们来看看2013年的一些统计数据：Facebook拥有超过10亿用户，其中每月的活跃用户约为8.5亿，每天会有

27 亿次点赞。相比之下，Twitter 拥有 5 亿用户，每天发送的推文达 1.8 亿，每月活跃用户约为 1 亿。LinkedIn 拥有逾 2.25 亿用户，每日活跃用户约有 17.5 万。Pinterest 用户量达 1 000 万以上，其中 97% 为女性。Instagram 每天上传的照片数量超过 500 万张。Google+ 每天接收 50 亿个 +1[①]。不过，这仅仅是西方国家所开发的社交网络。

亚洲也有许多社交网站，西方人可能从未听过，但规模却和 Twitter 一样大，甚至比 Twitter 还大。QQ 空间是一个具有写日志、分享照片和音乐等功能的网站，拥有 7.12 亿用户。有“中国版的 Twitter”之称的腾讯微博拥有 5.07 亿用户。新浪微博是 Facebook 和 Twitter 的混合版，拥有 5 亿用户。微信是一个与 WhatsApp 相似的微信息应用，拥有 3 亿用户。由此可见，全球的社交媒体可谓声势浩大，每天都在产生巨量的数据。

近几年来，很多企业都看到了社交大数据的价值，因为其中包含了有价值的信息，能让它们更好地了解顾客。通过使用情感分析，公司能了解顾客对其服务、产品、最新广告的感受，等等。更重要的是，所有可用的社交数据都能用于预测分析顾客的需求以及这种需求产生的时间。基于顾客在社交网站上所做出的反馈，公司就能收集到许多见解，而如果使用传统的调研方式，则需要高昂的支出。

一些公司通过使用社交媒体网络提供的信息，已经能够实现对顾客的精准锁定。这些公司能够基于顾客的实际或潜在需求锁定他们，而不再是根据特定年龄、地点或性别来划定潜在顾客。所有这些信息都来自顾客在社交网络上公布的信息，比如点赞、转发以及原创内容。

沃尔玛使用顾客在 Twitter 上分享的信息，向潜在顾客发送个性化优惠券。它的办法就是监测顾客发布的信息，比如，有人发布关于啤酒和比萨的推文，沃尔玛就会向其发送它在当地店面的折扣券。

---

① 谷歌搜索结果所显示网页后缀的一个图标，相当于关注或认可该网页。——译者注

MyBuys 公司为消费者品牌和电子商务商店提供跨渠道、个性化的服务。其目标是通过分析约 2 亿顾客的行为和实时提供的 100 太字节数据，来推动顾客转化率和顾客契合度，这样一来，决策者就能知道何时该采取何种行动了。

大数据创业公司 Bluefin Labs 开发了一个社交电视分析平台，向电视网络和运营商实时提供观众的意见。这个产品十分有趣，2013 年，Twitter 花费近 8 000 万美元收购了它。

社交大数据陷阱

然而，社交大数据中也存在一些陷阱，可能招致毁灭性的打击。这些陷阱包括：

- ◎ 并非所有 Facebook 和 Twitter 账户都是真实的。Facebook 约有 8 300 万虚假账户；Twitter 也存在许多虚假账户。基于虚假账户所做的决策会将你引向错误的方向。
- ◎ 社交媒体上非结构化的消息往往缺乏语境。如果你不考虑语境，数据就会被曲解。然而，科学技术发展迅速，Bluefin 实验室就已经基于互动、时间、地点、关注者以及朋友为推文设置了语境。
- ◎ 社交媒体上发布的消息不一定直指其意。有人喜欢某则广告可能是因为其中的幽默风趣和相关推文，但是对产品却完全不感兴趣。
- ◎ 社交网络上自恋情结大行其道，尤其是在 Facebook 上。每个人都想展现自己最完美的一面，所以往往会有吹嘘的现象。公司在选择目标时该如何看待这种信息呢？说了等于没说，所以不要只关注说的。

尽管社交数据中存在陷阱，但它确实能帮助公司更好地理解顾客。如果你即将开始使用社交大数据，就要留意以下重要事项：

- ◎ 你使用的数据是否为实时数据？一则推文的有效期约为一小时，社交数据来得快去得也快，实时对于获得有价值的输入非常必要。

◎ 元数据有助于迅速解译数据，尤其是来自博客的数据。确保分析的数据中包含对应元数据。

◎ 确保数据与其他来源相连接、相结合。结合程度越好，数据的相关性就越高。

社交媒体为企业提供了顾客和总体购买趋势的无限数据源。所有这些数据能帮助你的公司更好地解决顾客的需求。尽管需要对某些陷阱提高警惕，但是可用的工具和算法都在不断提升，为社交大数据展现了光明的未来。

雀巢，使用大数据实时了解 2 000 个品牌的情绪

雀巢是一家全球性的大公司，其旗下的 486 个工厂遍布 86 个国家，员工超过 33 万人。它拥有 2 000 多个全球性和地方性品牌，是营养和健康食品行业的领导企业。2012 年，这家公司总收益为 750 亿欧元（约 980 亿美元），为全球数百万消费者提供服务。所有这些消费者都对它的产品有自己的评价，雀巢也借助大数据了解这些消费者的意见。

2010 年，150 万人看到了绿色和平组织录制的关于 Kit Kat 巧克力棒和棕榈油的 YouTube 视频，被称为“Kit Kat 危机”。从那次事件以来，雀巢学到了很多。Kit Kat 危机期间，雀巢起初不做任何回应，直到收到 20 万封抗议邮件。它甚至试图将 YouTube 上的消息和该视频删除。咨询师伯恩哈德·华纳（Bernhard Warner）称之为“社交媒体最糟糕的 50 个事件”之一。在大数据工具的帮助下，雀巢从错误中吸取教训，甚至在国际信誉研究院（Reputation Institute）发布的“全球最具声望企业”排名中由第 16 位升至第 9 位。

这家公司的目标是更好地控制顾客的情绪，它不想依赖调查和其他定期的顾客测试。于是，雀巢创建了数字加速团队（Digital Acceleration Team），该团队打造了一个一周 7 天、每天 24 小时不间断监控中心，听取所有社交网络上关于其产品的所有内容。这让雀巢能够实时了解顾客对其 2 000 个品牌的评价。

这算不上新奇，从荷兰皇家航空到法国达能集团再到联合利华，许多大公司都在使用社交媒体了解网上的动态，但雀巢采取了一种与众不同的方式。它集中专门力量来防范任何有损其信誉的行为。比如，让员工积极参与进来，聆听各种声音，与发布信息的网络用户进行在线沟通，鼓励顾客,并很好地转变顾客的情绪。雀巢在 Facebook 上的粉丝页面已达 650 页，拥有近 1.5 亿粉丝，每天发布 1 500 篇原创内容。每天分析的消息总计达数百万。

雀巢的监控中心中有 15 位员工全天候 24 小时工作。监控中心为他们提供了许多屏幕来显示实时信息。每位接受市场销售经理培训计划的员工，都要先在这个中心待上 8 个月，学习关于使用大数据工具的网络和社交互动的所有细节。

雀巢数字营销部门主管皮特·布莱克肖（Pete Blackshaw）解释说:“我们认为网络正成为全世界最大的讨论组……可以更好地理解消费者未被满足的需求……并找出突破点。”雀巢通过调查网络议论、与市场上其他竞争对手的关系，以及网民情绪，来实时了解旗下众多品牌的在线动态。它充分利用了社交大数据的趋势，而信誉指数的增长也显示了它的努力有了回报。

趋势 6，公共大数据

2011 年 10 月，欧盟委员会副主席尼莉·克罗斯提出多项建议，呼吁合法开放由欧洲公共机构产生和持有的数据。根据克罗斯的说法，向公众开放这些数据集可以使其价值翻倍，达到约 700 亿欧元，因为数据合并且转化为信息后，能为公司和社会提供额外的价值。另外，开放这些数据能推动新型商业的发展，这也会让经济增值。开放数据入口就意味着公开透明、开放的政府和创新。所有可用数据都能重复使用、可连接、可分析并能进行可视化处理，以供个人或企业使用。这是大数据迈出的重要一步，它能推动创新和创造新商业机会。

而且，考虑向公众开放大量数据的不只是欧盟，越来越多国家的政府都在考虑这一行动。例如，荷兰政府已经在开发一个门户网站，该网站上由公共经费资助的开放数据集可供任何人使用。荷兰政府积极推动地方政府和部门在这个门户网站上分享它们的开放数据集，以刺激创新和创造商业机会。最终，这将产生一个更为高效且更为透明的政府。

美国也在研究大数据周围的机会。2012 年，奥巴马推出了一项耗资 2 亿美元的大数据计划，以研究大数据机会和相关技术。其目标是推动可用技术和工具的发展，以成功访问、处理、存储、分析有关联邦、各州以及地方政府产生的海量数据，并将这些数据可视化。

2012 年，Logica Business Consulting 就如何为开放数据打造一个更好的供应和分配过程制定了一份报告。这份报告介绍了美国、英国、加拿大和新西兰各国政府使用和分享开放数据的不同案例。四个国家都有类似《信息自由法案》的法律，强制要求政府按照特定参数标准开放数据。这份报告还具体介绍了从这些国家向公众开放数据的过程中学到的一些经验。虽然每个国家向公众开放数据的动机各不相同，但是一般来说，其中都包含了提升透明度、刺激经济增长、改善政府服务水平、改善公众与政府的关系和对政府的态度，以及提升数据质量这类内容。换言之，政府有足够理由建立开放数据的门户网站。

此外，澳大利亚政府正在制定一项大数据战略，其目标是让国家和地方政府所拥有的数据向公众开放。通过发展这项战略，澳大利亚政府可以确保政府和企业充分利用所有大数据的优势，同时保证隐私受到保护。

从这些政府的方案中发展出来的一个新的商业机会是数据市场或数据超市的崛起。许多新公司正在建设数据市场，在这些市场里，用户可以将公开数据与所有其他类型的免费数据集结合起来，以谋求更多的洞见和发现新机会。谷歌也涉足到了这一领域中来，它设立了一个搜索引擎，可以从 100 多个不同的数据集中提取数据。亚马逊网络服务（Amazon Web Services）上的可用公开数据集也是如此，它们能在不同的 AWS 应用中轻易被整合。

公共和开放数据的使用可以真正刺激大数据应用的发展。有鉴于此，本书在此介绍几个提供大数据集的公司的信息。

- ◎ InfoChimps 主要运营一个大数据查询和处理平台。该平台承载了来自 200 家公司的 15 000 多个数据集。访客可以将这些数据集与自己的数据相结合，获得更多见解。
- ◎ DataMarket 是一家数据超市，提供来自世界各地的 45 000 个数据集。这些数据集的提供者包括 42 个国家的政府。DateMarket 的目标是找到所有可用的（公共）数据集，并使之可访问和可理解。
- ◎ 谷歌公开数据（Google Public Data）允许访客深入搜索和下载 100 多个数据集。访客也可以上传自己的数据集，以进行可视化处理和探索。当前可用数据集包括一些来自世界经济论坛、欧盟统计局和国际货币基金组织的数据集。
- ◎ 亚马逊网络服务向公众提供 50 多个数据集，其中包括千人基因组计划和 Common Crawl Corpus Project，后者可以让用户免费使用 50 多亿个网页的数据。
- ◎ Enigma.io 是一个大数据创业企业，向用户提供公开数据源的访问权限，总部设在纽约。这家公司提供逾 10 万个可轻松搜索或导出的数据集。用户可以下载包括提单、飞机所有者、游说活动、房地产评估、频谱使用许可证、财务回报以及专利在内的任何东西。

◎ Quandl 是一家公开数据集创业公司，目前处于测试阶段。它免费提供来自全世界的 500 多万个金融、经济和社交数据集。访客可以在自己的网站上嵌入图表，或通过 Python、Stata、Excel、R 来下载数据集。

◎ Figshare 是一个专门为研究者设计的平台，研究者们可以和所有人分享他们的成果。这个平台上的图表、数据集、媒体、报纸、海报、演示和文件集向所有人公开。所有数据都自动地以可引用、可搜索、可分享的方式发布。

◎ Datahub.io 是互联网上一个由社群运作的有用数据集目录。用户可以将在网上发现的数据链接收藏到平台上，也可以在平台上存储数据，同时也能搜索到其他用户收集的数据。这个平台在开源软件 CKAN 的基础上运行。由于拥有开放许可证，大部分数据都可免费使用和重复利用。

◎ Open Science Data Cloud 是一个提供拍字节规模的云资源的平台，它能让用户轻松分析、管理和分享数据。该平台当前拥有约 450 太字节数据，计划增长到拍字节水平。

◎ Datamob 是一个介绍如何使用政府提供的公开数据的网站。它认为，如果政府和公共机构用便于开发者的格式提供数据，将会产生良好的效应。该网站当前列出了 227 个数据源、165 项应用和 66 个源。

◎ Freebase 是一个由社群组织的介绍著名人物、地方和事物的数据库。这个网站提供近 20 亿个事实，并将它们分为 4 000 万个话题、76 个领域。每一个事实和实体都可供 RDF 转储，这样用户就能在自己的电脑中分析整个数据库。

◎ OpenData 是一个提供 Socrata 公司收藏的大量开放数据集的平台。Socrata 公司为开放政府数据提供社交数据发现服务。它收集了全世界超过 20 万个数据集，这些数据集分为五类：商业、教育、娱乐、政府和个人。

◎ Thinknum 致力于将所有财务数据编入索引，并通过一个简单的应用程序编程公开。它拥有 1 000 多万个数据序列，所有这些序列都可免费下载。它还使用这些数据开发应用程序，帮助策略师分析金融市场。

◎ xDayta 是一个买卖数据的市场。作为一个开放平台，它允许任何人向买家出售任何类型的数据。xDayta 上列出的出售数据是免费的。任何人都可以注册这个平台并出售数据，任何人想购买数据也都可以使用 xDayta。xDayta 交易所不仅为场外数据交易提供便利，为交易提供中介服务和监管，还为数据定价提供索引。

趋势 7，游戏化

游戏化将为我们带来大量新数据。商业游戏化不仅仅是有效营销活动的一个工具，还将彻底改变企业联系消费者的方式，以及创造极具价值的大数据。这些大数据则能够提升一个企业的大数据库。

游戏化是在非游戏环境中对游戏元素的运用。它可以在企业外部发挥作用，用于与顾客互动和改善营销工作，从而增加销售量。它也可以在企业内部使用，提升员工生产力，以及改善内部众包活动。最后，游戏化还能改变消费者的行为。量化自我运动就是一个游戏化与大数据相结合的绝佳范例。

游戏化中经常用到的游戏元素包括积分、挑战、奖项、排行榜、等级、头像和徽章。游戏化能刺激用户去执行特定任务。此外，它也可以让用户学习一些有用的东西、达成一定目的，以及激励个人发展或者保持身体健康。其目标是提升真实体验，让人们更愿意参与进去。但是，游戏化不是游戏，它只是不同环境下的游戏元素。

利用游戏化的不同元素，可以获得大量可分析的数据。利用这些数据可以比较不同用户的表现，并找出不同群体表现存在差异的原因。如果用户通过社交图谱进行注册，就可以添加许多公开数据为该游戏化数据提供语境。除了这些能提供直观见解的不同元素外，游戏化也有助于更好地理解用户行为，以及用户执行当前任务的情况。例如，不同群体完成一个挑战需要多少时间，或者他们如何使用特定产品和服务。而这种信息可用于提升产品和服务。

游戏化的目的就是激励人们采取行动，以及刺激他们在恰当的环境下分享适宜的信息。实际上，游戏化应被视为分享的一种催化剂。用户越投入，他们分享的内容就越多，从而会使企业获得越来越多的关注度，以及越来越多有价值的数据。

游戏化概念的成功取决于回应用户的信息的质量和速度。信息内容越能激起用户的兴趣，用户就会越投入。个性化内容可以使用大数据获得。点击行为、执行特定挑战所需的时间、与平台上其他人的互动水平都可以与公开数据相结合，比如社交网络上分享的微博和帖子，以及用户在这些网站上的个人档案。如果这些数据得到妥善保存、分析和可视化处理，就会产生大量的见解。不过，用户非常希望立即获知反馈和结果。因此，实时处理数据极其重要。

游戏化拥有不小的潜力，它将逐渐融入消费者的生活中，到时就会产生更多的数据。借助大数据，企业将会了解某人在游戏化的环境中如何表现以及出现这种表现的原因，这样就能得出关于一个人在现实生活中表现的见解。这种信息对于广告商非常有价值，因为他们希望在恰当的时间、适宜的环境下向（潜在）顾客发送正确的信息。

如果企业想要获得理想的结果和见解，那么正确设计游戏化概念就显得十分重要了。高德纳公司预计，80% 的游戏化解决方案将由于设计不当而无法实现目标。就大数据来说，设计不当会导致数据质量低下和无法得出见解。

大数据和游戏化相结合能获得多项优势，例如：

◎ 大数据能为用户实时提供透明的个性化反馈。有了这种数据，用户会收到各种奖励。

◎ 个性化的游戏化元素将提升终端用户对产品和服务的参与度。更多的互动可以带来更多的分享，企业因而能获得更多的在线访问量。大数据能让游戏化元素变得更具吸引力，而且重要的是，更有趣。

◎ 大数据从总体和个体两个层次上提供有关用户行为的见解。这种数据很有价值，可用于改善所提供的产品和服务。

◎ 海量数据产生的见解应得到实际应用。通过在将数据可视化的仪表板上运用游戏元素，游戏化可推动企业朝着以信息为中心的方向转型。

◎ Engaginglab 创始人、首席执行官罗曼·拉克维茨（Roman Rackwitz）声称，游戏化可将大数据转化为智能数据。基于用户在游戏化环境中所做的选择，向他们发出个性化和中肯的反馈，能够改善与他们的互动，且用户将进一步被大数据仪表板吸引。这意味着数据驱动型见解会获得更高的参与度和更多人的兴趣，以及带来更好的决策。

大数据和游戏化之间存在着许多相似之处。有人甚至会说，游戏化是大数据的友好侦察兵——能如实从可衡量的许多潜在行动中收集数据，不过它所采取的方式对用户有利且具有吸引力。优秀游戏化平台产生了大量信息，如果它们能得到恰当的可视化处理，就能给企业提供很多有价值的洞见，也有助于创建以信息为中心的企业。

Nike+ 游戏化平台，提供有价值的见解

跑步是世界上最简单的运动，而耐克将它转变成了数据驱动型社交运动，为用户提供一个访问有关自己个人成就的大量数据的途径。跑者可以利用这些数据实现自我提升，获得一种更健康的生活方式。另外，耐克也赋予软件开发者公开访问这些数据的权限。这个 Nike+ 加速计方案激励了许多人创办公司来利用它的数字产品产生的数据。

耐克明白，用户希望能获得与运动相关的简单问题的答案。更直白地说，就像耐克数字运动副总裁史蒂凡·奥兰德（Stefan Olander）说的，Nike+“……依靠这样一个事实获得了成功，即人们希望他们的体育运动能获得赞扬”。正因为如此，Nike+ 平台为跑者提供如下问题的答案：

◎ 我跑得有多快，我在进步吗?

◎ 跑步时，我是什么时候失去冲劲的?

◎ 跑步消耗了多少卡路里?

◎ 我朋友的表现如何，我怎样才能击败他们?

耐克据此创建了一个引人注目的游戏化平台，供跑步运动者相互交流，分享数据，以及从平台产生的见解中获益。这个平台发布于 2006 年，现在已建立了一个拥有 700 万跑步运动者的用户群。想象一下，它能产生多少数据，为耐克提供多少见解。这个例子很好地展示了游戏化是如何充当大数据的友好侦察兵的。

当然，建立一个既吸引眼球又成熟的游戏化平台需要投入大量资金和精力，但是对于耐克而言，回报是丰厚的。耐克获利是因为非常多的用户在运动的同时花费很多时间在不同平台上交流互动。通过使用大数据，耐克成功改变了许多顾客的行为。作为回报，这家公司获得了可提升其产品的深刻洞见。

THINK 本章小结 BIGGER

大数据由许多部分组成，各个部分都会影响企业的大数据战略。移动革命确实需要一种不同的手段来对所有数据分析可视化。屏幕尺寸变小要求使用简单而智能地可视化呈现。应尽可能实现通过声音识别来执行查询，而且提升移动设备加载图像的速度比提升台式电脑的加载速度更为重要。同时，也不应该低估与移动设备上大数据相关的安全问题，特别是因为许多移动设备尚未得到有力的保护。

随着未来几年物联网的使用，实时分析的需求只会上升。启用传感器的设备之间将能够保持不断沟通。多亏了有传感器，许多物体都

THINK
本章小结
BIGGER

将拥有智能，能主动对环境做出反应，因此能为企业和消费者节省大量时间和金钱。

另外，量化自我运动也与互联网息息相关。人类想要更好地了解自己的身体，这一需求在我们的意识中是根深蒂固的。借助现在市场上的许多应用，我们能够监测自己白天的行为以及晚上的睡眠。所有这些数据将存储在网上并得到分析，它们也将为广大企业提供广泛的见解。游戏化则有助于让数据收集变成方便用户且具有吸引力的体验。

量化自我应用程序产生的很大一部分数据，直接通过许多大型社交网站分享到了网络上。社交网站产生的数据对企业非常有用，而且社交网站也在快速发展。这不仅发生在西方国家，亚洲也有许多大型社交网站正影响着无数消费者，进而影响到企业。

企业将企业数据、社交数据与公开数据相结合，就能丰富自己的数据。一般来说，这些数据集由政府创造，正在通过遍布全世界的数据市场派上用场。

你应该了解的大数据技术

04

【大数据实践】

亚马逊，由在线零售商升级为大数据公司

LinkedIn，使用算法优化推荐引擎

THINK BIGGER

与大数据一起前进是每个企业都必须做出的战略选择。然而，它确实对IT产生了重大影响，因为大数据需要使用新技术。新技术范围广泛，从存储、处理数据的不同方式，到可以对数据执行的各种分析，不一而足，而且，一些企业已经在开发必要的技术了。2013年，全世界花在大数据技术上的IT支出超过了310亿美元。

大数据生态系统发展十分迅速，以致我们难以理解这个市场，也无法确定哪些参与者能解决哪些问题。由于大数据让人们看到了如此多的好处，因此，许多大数据技术供应商都在提供这些问题的解决方案。

较大的供应商，如微软、赛仕软件、IBM、惠普和戴尔，它们都将大数据作为自己总体产品的一部分。大多数大型企业都能开发出一份完整的解决方案。然而，较小的企业不需要整体大数据解决方案，它们需要的是针对特定问题的专门解决方案，而许多大数据创业公司就可以满足这样的需求。下文将讨论当前市场上的少数几类这样的公司。

紧随付费解决方案之后，还有许多开源工具。它们为企业使用和实验免费大数据技术提供了可能。在这个快速发展的大数据图景中，可以利用开源工具解决几乎所有问题。最为著名的有Hadoop，没有它，大数据的潜力就不会这么早显现出来。

Hadoop HDFS 和 MapReduce

Hadoop 是该项目开发者的小孩给一个玩具象起的名字。它的开发是因为已有的数据存储和加工工具似乎不足以处理随着互联网的发展而出现的大量数据了。起初，谷歌开发了程序设计模型 MapReduce，是为了应对因为整理全世界的信息并使之为所有人共享而产生的数据流。作为回应，雅虎在 2005 年开发了 Hadoop，作为 MapReduce 的一种实现。2007 年，在 Apache 许可协议下，Hadoop 作为一项开源工具被发布。

从此，Hadoop 演变成了一个大规模操作系统，重心放在大量数据的分布式并行处理上。与所有“正常的”操作系统一样，Hadoop 包括一个文件系统，能够编写和分发程序，并返回结果。

Hadoop 支持在商用硬件构建的大型集群上运行的数据密集型分布式应用。Hadoop 网络具有可靠性和极大的可伸缩性，可用于查询大量数据集。Hadoop 使用 Java 编程语言，这意味着它可以在所有平台上运行，而且它的使用群体是在 Hadoop 上构建层次结构的分销商和大数据技术供应商组成的全球社群。

Hadoop 分布式文件系统尤其有用，它能将所处理的数据分解成小的数据块。随后，这些数据块被分发给整个集群。这种数据分发允许 Map-and-Reduce 功能在较小子集而非一个大规模数据集中执行。这样，效率得以提高，处理时间缩短，处理大量数据必需的可伸缩性也得以实现。

MapReduce 是一个软件框架和模型，可以处理和检索并行存储在 Hadoop 中的海量数据。MapReduce 库由大量程序语言编写而成，它处理结构化和非结构化数据的过程分为两个步骤。第一个步骤为“Map 节点”，将数据分解成较小的数据集，然后将这些较小的数据集分发到集群的不同节点。系统中的节点能够再次重复上述过程，由此产生一个多级树结构，将数据分解成更小的数据集。在这些节点中，数据经过处理后，答案传回“主节点”。第二个步骤是“Reduce

节点”，在这个过程中，主节点收集所有返回的数据，将它们合并为某种可以再次使用的输出。MapReduce 框架并行完成整个系统的所有任务，它构成了 Hadoop 的核心。

将这些技术融合之后，海量数据转瞬间就能被轻松存储、处理和分析。如果再加上顶层结构，如 Hortonworks 或 Cloudera，实时分析就可能得到实现了。Hadoop 提供了巨大的优势，并使大数据分析成为可能。

尽管 Hadoop、HDFS 和 MapReduce 为企业提供了许多好处，比如商用硬件的线性扩展以及较高的容错率，但是它们并没有人们预期的那么完美。Hadoop 也存在一些不容忽视的缺点。具体来说，让 Hadoop 运作起来并不容易，需要价格不菲的专业工程师，而且集群管理也有不小的难度，调试也颇具挑战性，还需要有经过专门培训的 IT 人员来安装完整的 Hadoop 集群。在本地服务器上安装 Hadoop 集群是一项艰巨的任务，因此，企业（特别是小企业）应该谨慎考虑是否要启动这个项目。尤其是，越来越多的大数据创业公司开发了大数据即服务的解决方案，转而在云端提供 Hadoop 集群，普通企业已没有必要再建立和拥有 Hadoop 环境了。

开源工具

尽管 Hadoop 是最为著名的开源工具，但市场上还有许多其他的开源工具，其中一些工具提供广泛可视化、拖放选项，以及易于安装的脚本。

事实证明，它们在存储、分析和可视化处理大数据方面高效且成本划算。开源工具并不像过去那样危险，所以越来越多的企业正在采用它们。开源工具的优点包括：

◎ 启动项目不需要巨大资金投入，只需下载，即可开始工作。这是一种测试产品的好方法。

◎ 围绕开源工具的社群巨大且活跃，这意味着与封闭式工具往往需要很长时间才能盈利不同，其产品开发和性能提升更为迅速。另外，遇到问题时也可能获得帮助，因为社群中其他人也许碰到过相同的问题，且已经将它解决了。这避免了无谓的重复劳动。

◎ 开源工具拥有灵活、可缩放的结构，在管理海量数据时可节省成本。这对于中小型企业尤其理想。

◎ 开源工具的设计确保了它们可以在商用硬件上运行，无须再投入资金购买昂贵的设备。

越来越多的传统上依赖专有模型的供应商正在接受这项技术，由此也可以看出开源工具正变得越来越重要。例如，2012 年，VMware 推出了一个名为 Serengeti 的开源项目，目的是让 Hadoop 在 VMware vSphere Cloud 上运行。另外，EMC Greenplum 在上一年发布了 Chorus 开源社交框架。

然而，正如 Hadoop 一样，开源工具也有一些不足之处：

◎ 开发者不支持开源工具免费，公司需要购买企业版本才能享受服务。

◎ 社群支持不能得到完全保证，在某些情况下，不能视之为理所当然。

◎ 尽管开源工具可以有效测试新工具，但是通常需要经过培训的 IT 人员，他们必须了解该开源工具。

◎ 开源工具的最初开发者可能跳槽，或失去进一步开发该工具的兴趣。结果导致软件过时，无法应对未来大数据的挑战。

因此，制定使用开源工具的决策应慎重。企业不仅应该考虑到开源工具的成本低，还要将不同开源工具与商用大数据技术进行比较，细致了解和分析它们的利弊。

大数据工具和分析类型

一些发明了处理大量数据的方法的创业公司开发了许多商用大数据技术。许多公司使用它们开发的颠覆性技术获得了有价值的见解，并且将数据转变为信息，信息最后转化为智慧。当然，近年来大型老牌 IT 公司也发明了不少大数据技术。特别是，希望获得完整大数据解决方案的大型企业在使用这些技术。另外，使用这些技术可以完成各种各样的分析，每种分析都会产生一个不同的结果。由于针对所有行业的一切需要和用途，差不多都存在相应的大数据公司，本书无法一一讨论，因此，会着重分析一些最重要的领域。

上文已经提到，Hadoop 的一个缺陷是适用于批处理，无法实时处理大量数据。然而，实时数据传输和分析能让企业拥有许多优势。一些大数据技术供应商在 Hadoop 上搭建了一层，或者建造了能够实时应对数据处理、存储、分析和可视化的全新工具。这些工具能够实时分析结构化和非结构化数据，极大地提升了 Hadoop 和 MapReduce 的功能。

一些技术能直接将不同来源的数据整合到平台中，由此避免了建立额外数据仓库的必要，但是仍然能传送易于沟通和理解的实时交互式图表。

一些大数据技术供应商聚焦于传送大数据的最佳图形表示。将结构化和非结构化数据转化为信息就必须先将数据可视化，这也非常具有挑战性。然而，新型大数据创业公司似乎了解可视化的模式，开发出了不同的解决方案。一种是基于人类视觉皮层的可视化，它可以将人脑识别模式的能力提升至最佳水平，让读取和理解大量相关数据变得容易。颜色的运用和皮层感知到的不同厚度让用户轻易就能识别模式，并发现异常情况。

另一种可视化方式是拓扑数据分析（Topological Data Analysis）技术。它侧重于复杂数据的形状，而且能够识别集群和统计显著性。数据科学家使用这项技术能揭示集群中的固有模式。这种分析最适用于将显示拓扑空间且可以交互式探索的三维集群可视化。

拥有复杂、创新型和交互式图示绝对不总是有必要的。信息图表是信息、数据或知识的图形视觉表示，它有助于使困难、复杂的资料变得易于理解。仪表板将显示“传统”图表（栏、行、扇形或条）的不同数据流结合起来，也能提供有价值的见解。有时，实时更新的简单图表虽然只是显示进程状态，实际上却会提供更有价值的信息，从而改善决策，然后产生更为复杂、创新的可视化。无论是点击、旋转移动设备还是让其变焦，用户都能直观地使用数据，可视化也就获得了全新的意义。

尽管将实时分析进行大规模可视化的能力确实重要，但是对于企业来说，能够预测未来的结果意义更大。这与现有的商业智能有很大区别，现有商业智能使用的分析工具通常只能看到过去发生的事，对未来没有一点启示。预测分析能帮助企业基于相同的数据获得可信情报，直接作用于未来的行动。

因此，许多大数据创业公司聚焦于能让公司预见未来的预测建模能力。当潜在顾客访问网站时，尽可能多地收集他们的数据，就能获得有价值的见解。诸如用户浏览和考虑过的产品、交易数据，或浏览器和会话内容等信息，都能与以前的购买记录和忠诚计划记录等深度顾客信息、历史信息相结合。这不仅能提供访客的全面情况，也有助于预测他们成为长期老顾客的可能性。有了这些信息，企业就能根据需要采取相应的措施。

预测分析也可用于电子商务领域，帮助消费者购买电子产品、预订酒店或机票。通过告知消费者价格什么时候下降或本周什么时段是最佳购买时机，预测分析服务能够帮助消费者在正确的时间以合适的价格购买产品。

预测分析适用于所有行业，保险业就是一个很好的例子。保险公司可以运用这项技术确定哪些投保企业更有可能索赔，并预测该企业所面临的风险。搜集到的数据越多，这种分析就越有效。因为数据越多，算法在预测时就可以考虑到更多的变量。

用户资料（Profiling）可用于更好地锁定潜在顾客。其终极目标是为每位顾客建立 360 度视图，最终实现用户分类。行为分析可用于从顾客接触点的结构化数据中找出模式，让企业更深入地了解不同的顾客。从人口、地理、心理和经济属性等数据中得出的顾客模式，将帮助企业更好地理解顾客。销售和营销数据，比如活动信息、运营数据、转换数据，也将为企业提供顾客的准确数据，这些数据可用于提升顾客维系率和赢取率，推动向上销售和交叉销售，以及提升网站转化率。

用户资料也可用在系统推荐上。推荐系统是大数据最常见的应用之一，最著名的大概是亚马逊的推荐引擎，这个引擎能让用户在访问亚马逊时拥有个性化的主页。但是，互联网零售商并非唯一使用推荐引擎说服顾客购买更多产品的企业。推荐系统也可用于其他行业，并且还有其他用途。

推荐系统可建在两种不同的算法上，而这两种算法通常是结合在一起的。第一种算法分析顾客以往选择 / 购物行为的大量数据，并使用这些信息来推荐新的产品。它基于拥有相同资料的其他用户的购买记录来推荐其他产品，我们称之为“协同过滤”（Collaborative Filtering）。例如，一位用户购买了 A、B、C、D，另一位用户购买了 A、B、C、D、E。由于两位用户拥有相似的购买记录，这个系统会自动向第一位用户推荐 E 产品。第二种是基于内容的过滤（Content-based Filtering）。系统基于用户以往购买、点赞、搜索、微博和博客中提到、访问等详细信息，创建一份资料，并基于产品属性推荐最符合该资料的产品。

大多数消费者通过网上购物了解到推荐引擎，但是推荐引擎只能用于 B2B 环境，例如，向销售人员推荐潜在顾客。《信息周刊》的艾利斯·布克（Ellis Booker）在一个帖子上解释说，公共数据集，比如信用机构的数据信息，可以与一个企业自有的销售和顾客数据库相结合，从中发现销售人员可能遗漏的新关系。由此可以看出，推荐系统也正在金融公司和保险公司中得到普及。在这些公司中，它们可用于推荐投资机会或销售策略，等等。

实际上，任何寻找产品、服务或人的过程都可以使用推荐引擎。LinkedIn 就在使用推荐系统，向你推荐你可能想要联系的人、工作或群体。该平台上的“你可能喜欢”功能结合了协同过滤和基于内容的过滤，并使用算法分析得到的流行度和图基法进行推荐。它为每个群建立一份虚拟资料，提取群成员最具代表性的特征，由此创建“你可能喜欢的群”。它结合与你类似的人的资料中的不同特征，比如行为、位置和属性，为你推荐工作。

推荐已成为大多数大型网络参与者共有的标准特征，无论是零售商还是在线旅游网站。对于所有使用推荐的公司，诀窍就是提供相关的推荐。这将提升用户体验，并提高顾客转化率。

随着数据量不断增加，未来的推荐引擎只会变得更好。对于企业来说，这意味着更好地为产品锁定合适的顾客，并可能因此提升顾客转化率。对于顾客而言，找到他们正在寻找的产品将变得更加容易。然而，这也可能产生负面影响。如果推荐引擎变得十分完美，在顾客意识到需要某种产品或服务之前就做了推荐，那么顾客发现新产品或服务与他的资料不相符时，会有怎样的反应呢？公司应该考虑到这一点，避免弄巧成拙。

亚马逊，由在线零售商升级为大数据公司

亚马逊拥有一个无与伦比的网购数据库，可以从它的 1.52 亿顾客账户中挖掘数据。多年来，亚马逊一直在使用这些数据建立推荐系统，向访问亚马逊主页的人们提出建议。早在 2003 年，亚马逊就使用了协同过滤的项对项相似度方法（Item-Item Similarity Methods），这在当时是最先进

的技术。从此，亚马逊不断改善其推荐引擎，到今天，已经达到了登峰造极的地步。它使用1.52亿顾客的点击流数据和历史购买数据，然后，在每个用户的自定义网页上显示自定义的结果。

亚马逊也运用大数据为顾客提供优质服务，这可能是它在2009年收购Zapos的结果。通过这次收购，亚马逊获得了一个优势：只要有一位客户需要支持，客户代表就能立即获得需要的所有信息。之所以能做到这一点，是因为它们利用收集到的所有数据来建立并不断提升与顾客的关系。许多零售商都可以从中学到经验。

由于竞争日益激烈，亚马逊仍在扩展大数据的使用。它通过AWS为它的大规模产品和服务增添了远程计算服务。AWS推出于2002年，不久前增加了大数据服务，现在又开始提供支持数据收集、存储、计算、协作以及分享的工具。所有的服务都能在云端完成。Amazon Elastic MapReduce使用强大的Hadoop开源框架建立了一个便捷的托管分析平台，不少大公司都在使用这个平台，包括Dropbox、Netflix和Yelp。

还不止这些。亚马逊在全球拥有200个订单处理中心，总共能接纳15亿个订单，它也使用大数据为这些订单提供监控、追踪和保护。亚马逊将产品目录数据存储在S3中，这是一个简单的Web服务接口，可用于随时从网上下载存储任意大小的数据。它可以编辑、读取和删除至多5太字节的数据。S3中存储的目录每周会接收超过5 000万次更新，每过30分钟，接收到的所有数据就会经过处理后向不同仓库和网站发回报告。

亚马逊也在AWS上为公共大数据集提供免费存储服务。所有可用的大数据集都可在AWS基于云的解决方案中使用和无缝集成。现在，所有人都能使用这些公共数据，比如人类基因组计划中的数据。

2013年，美国麻省理工学院《技术评论》杂志（*Technology Review*）报道了亚马逊的一个新项目，该项目主要是打包消费者信息，将之出售给广告商，广告商可以使用这些信息为根据消费者真正需要而定制的产品做广告。谷歌和Facebook可能拥有更多有关消费者的总体数据，相比之下，亚马逊对人们的实际购物情况有更清晰的了解，因此，也更清楚消费者正在寻找的产品和需要的产品。这些都是非常有价值的信息，并且肯定会在未来几年增加亚马逊的广告收入。

在过去几年里，亚马逊已经从纯粹的电商转变为在线商务巨头。由于它特别注重大数据的发展，也正由在线零售商升级为大数据公司。

网站将机器学习系统（Machine-Learning System）用于实时推荐后，推荐的效果将会得到提升，因为该系统能从失败的推荐中汲取经验。许多社交网站也生成了有关消费者的大量数据。推文、点赞、博客和访问记录都能为企业解答重要的问题，比如，这个市场的人气如何？人们对新产品或广告有何评价？如何改善产品或服务来迎合消费者的需要？

企业使用深度机器学习和自然语言处理，将能够解译社交网络上评论的含义，并可以将通用语句放在正确的语境下。这样的社交媒体分析有助于企业更好地了解它们的顾客。如果社交媒体分析与其他工具相结合，比如销售数据、调查、服务器日志和顾客智能的其他数据源，就能使顾客维系变成一个数据驱动的过程，提升转化率，减少顾客流失。

集群分析和细分是一种数据驱动方式，可以发现大数据中的模式，并将相似的数据对象、行为或数据中可发现的任何其他信息归类。它和普通分类有很大不同，普通分类主要基于容易识别的特征，比如地点、年龄或性别。

由算法执行的集群和细分，可以发现通常处于隐蔽状态的类别和模式。使用自学习算法（Self-Learning Algorithm）时，细分的效果会得到提升，而执行细分时，自学习算法可以了解它所创建的分类。例如，它能提供某一地区特定年龄段、特定工作类型且刚当上父母的消费者集群。这一结果可用于推动个性化且具有针对性的营销工作。大数据中发现的任何信息都可以用于建立一个分类，而这有助于企业更好地服务顾客。

发现集群之后，异常值就会显现出来。通过找出大数据中的异常值，确定唯一的例外，企业就能发现意外的信息。尽管找到异常值不啻于大海捞针，但对于算法并不那么困难。这种异常情况被发现后，就会出现异常值。欺诈监测或网上银行识别犯罪活动就是一个很好的例子。凭借机器学习和自学习算法，异常值检测能够发现人类分辨不清的关联，因为识别该关联需要处理大量数据。

在相似性搜索中，算法会尽量找到与目标最相似的对象。最著名的相似性算法是 Shazam 应用，它可以在听完几秒的旋律之后，即从包含 1 100 多万首歌曲的数据库中找到目标。

过去，人们使用 SQL 查询来发现与特定条件相匹配的部分，比如“找到处于特定使用年限或特定品牌的汽车”。相似性搜索则更像是“找到和这一辆车相似的所有车”。由于这些算法使用大数据来发现相似性，所以成功找到所要寻找的目标的概率要大得多。多数情况下，算法也可以在转瞬间同时执行数千次搜索，因此立刻就能锁定你所要找的目标。

最后，一些大数据创业公司聚焦于人力资本方向。麦肯锡预测，仅美国 2018 年大数据科学家的缺口就将达到 14 万到 19 万。如果处理大数据能变得更容易，就无须邀请要价高昂的大数据科学家了，这个问题也自然迎刃而解。

访问和查找异构数据非常重要，这样，用户就无须成为一位数据科学家，也能够将存储在 Hadoop 上的大数据源与传统数据源结合起来，并对这些数据源进行分析。市场上早已存在的工具专门是为小型企业设计的，这些企业一般刚开始发掘大数据的潜力，不能在 IT 和人员上投入大量资金。这些工具为这些企业提供了一个单独的平台，平台能够融合来自任何环境的任何数据源的数据，并能让这些企业执行分析或建立集成数据视图，然而，问题在于难以让这些解决方案适应个人需要。对于粗放式大数据解决方案，聘用大数据科学家和工程师始终是有必要的。

THINK BIGGER

本章小结

没有技术，大数据就只是一个空壳。市场上供应的工具有助于企业将大数据战略付诸实践。市场有各种各样的技术，可以解决不同行业的各种问题。因此，对症下药将是一种挑战。

本章讨论了最著名的大数据工具 Hadoop，它利用分布式文件系统处理和存储海量数据。但是，针对不同的任务存在许多不同的解决方案。尽管 Hadoop 最为有名，但它不是唯一有效的存储工具。例如，NoSQL 数据库就能解决一些 Hadoop 的常见问题。这些数据库具有可伸缩性、灵活以及可实时分析等优点。虽然不像 Hadoop 那样被人大肆宣传，但是由于这些特征，NoSQL 吸引了许多人的注意。另外，市场上也出现了许多基于云的数据即服务解决方案，因此，中小型企业如果想使用大数据，不必急着自建 Hadoop 集群。

同时，开源工具也发展迅速。2013 年，几乎所有的付费解决方案都有了相应的开源替代产品。尽管开源工具免费，且拥有来自大型社群的支持，但是也存在不足，比如需要经过技术培训的人员。如果有企业想使用开源工具，就应该在涉足开源世界之前，弄清楚各种开源工具的利弊。

最后，如果企业肯采用易于安装和使用的商用解决方案，就会有许多不同的选择。大数据创业正如火如荼，投入其中的资金已经超过了 25 亿美元，每天都会有新的大数据创业公司问世。面对如此多的选择，企业必须审慎选择大数据创业公司，弄清楚所花费的成本和取得的收益。

如何布局企业大数据战略

THINK BIGGER

05

【大数据实践】

通腾公司，大举进入大数据领域

耐克，使用大数据优化供应链

洲际酒店集团，一个面向服务的数据驱动型公司

Catalyst IT Services，使用大数据技术招聘员工

2013年，塔塔咨询服务公司的一项大数据研究显示，受调查的1 217家公司中，47%尚未制订大数据计划。与此同时，赛仕软件研究所推出的类似研究项目显示，询问的339家公司中，21%不太清楚大数据，15%不知道大数据的好处。另有多个调查得出了相近的结果。尽管大数据正引领我们前进，并将改变企业运作和管理的方式，但是仍有许多企业不知道大数据是什么。大数据为企业提供了许多机会，IBM的《2010全球财务总监调查报告》显示，运用大数据的公司在财务上超过它们的竞争对手达20%或更多；麦肯锡报告称，与大数据相关联的营运利润率潜在增长为60%。

尽管许多企业还不懂大数据，但是它正从我们能想到的几乎每个角度渗入到所有企业中。中小型企业每天都能轻松收集到数太字节的数据，创业公司毫不费力就能达到数吉字节，大型跨国公司甚至轻而易举就能产生数拍字节的数据。然而，轻松拥有海量数据并不足以成为保持领先竞争地位的以信息为中心的企业。

注意，本书有意未将这些企业称为数据驱动型企业，而是称之为以信息为中心的企业。两者的区别似乎很微妙，但其实存在很大差别。毕竟，如果没有合适的工具在手，适当的文化不到位，数据就毫无用处。只有当数据转化为信息时，它才会对一个企业有价值。以信息为中心的企业拥有一种依赖它所存储、分析和可视化处理的数据的文化，并且最终，这种文化成了企业战略决策的一个有机部分。

据赛仕软件公司的大数据全球副总裁保罗·肯特（Raul Kent）称，接受调查的 37% 的管理者仍然基于个人直觉做决策，而不是数据分析。因此，成为一家以信息为中心的企业的前提是文化转变，即让公司内部的广大员工能够访问数据，以及使用分析和可视化处理数据所需的工具，这样决策就不再是基于直觉或粗略估计了。

从一种根据直觉做决策或进行粗略估计的文化转变为真正融合大数据的文化是一个不小的挑战。那么，从以产品为中心的企业转变为以信息为中心、基于确实的数据和广泛的分析做决策的企业，需要什么呢？你应该从何处着手呢？你要如何说服你的首席执行官，且需要询问哪些问题呢？

许多组织早已成功适应了大数据。在沃尔玛，地方门店可以根据当地人在社交网络上发表的观点调整自己的产品组合。荷兰卫星导航公司通腾（Tom Tom）将大数据发挥到了极致。它每天采集 55 亿次全球位置测量，以提升自己的产品。

通腾公司，大举进入大数据领域

通腾是荷兰一家汽车导航系统研发公司，创立于 1991 年。除了为汽车提供独立装置外，这家公司也开发了移动导航应用和业务解决方案。2012 年 6 月 11 日，苹果在 iOS 6 的一次产品发布会上宣布，通腾将成为苹果地图应用的主要供应商。2012 年，通腾公司营收超过 10 亿美元，并且正在大举进入大数据领域。

通腾平均每天从所有产品处接收到的匿名化的全球位置测量数据约为 55 亿次。这些产品包括 TomTom Home、手机应用、In-Dash

Navigation、Business Solutions 和 Connected PND，用户遍布全球，超过 6 000 万。

另外，通腾开发了社群 MapShare，让通腾产品的用户可以在开车时报告路况信息，包括限速变更、新街道名称、堵塞路段和新更改的方向。这种群众贡献数据的收集工作自 2005 年就开始了。

通腾不仅让用户报告交通信息，也从自己的卫星导航系统中收集行程信息。每次用户与通腾卫星导航系统对接，他们的匿名信息就会发送给通腾。通腾公司借此收集了 5 万亿条行程数据。大数据在通腾是一项非常大的业务。

地图速度与实际速度

通腾收集的所有数据都被用于提供地方交通最新的实况。首先，基于每天接收到的海量数据点，通腾可以显示地图速度和实际速度之间的区别，即特定路段允许的最大速度和该路段的实际行驶速度之间的差距。很多时候，两者是不同的。

同时，这些信息可用于确定从 A 点行驶到 B 点所需的时间。这一信息非常重要，尤其是在荷兰，那里的交通拥堵也是通过延迟的时间而非车辆排队长度来监控的。通腾能够通过监控路上车辆 GPS 的速度，来测定交通拥堵的时间。当然，这也需要海量数据。

出售位置数据

通腾收集的数据并不总是用来为驾驶者服务的。在荷兰，通腾公司曾短暂地将卫星导航系统接收的速度数据出售给了地方警方。警方利用这些信息来决定车速监视区的位置和频率，但是由于公民对此不满，警方终止了这一计划。

开放地图数据

2012 年，通腾公开了它在使用人群数据来改进产品上的最新成果。这家公司将它的大量地图数据提供给应用程序开发者，从而为使用如谷歌地图的公司提供另一种选择。这个软件可免费试用一段路程，之后需要付费。

将大数据运用到极致

长期以来，通腾已经收集了海量的数据，其数量之多令人难以置信，所有这些数据都被用于提升顾客的实时驾驶体验。

以信息为中心的企业的主要特征

以信息为中心的企业都知道，光有数据没用。数据要变得有价值，需要经过正确算法的细致分析，检索出必要的信息，从而制定正确的业务决策。如果企业拥有成功的大数据战略，就会产生一种以信息为中心的文化——**所有员工都充分认识到，经过细致分析和可视化处理的信息将有助于产生更优秀的决策。**这些公司随时随地向所有员工提供信息，当然，提供哪些信息取决于员工的职务。US Xpress 就是一个很好的例子。这家公司旗下所有货车司机上路时，通过 iPad 就能随手获得需要的所有信息。整个公司都是围绕着信息的使用来做出正确（业务）决策的。

以信息为中心的企业也通过不断自我改造进行创新来保持领先地位。这些企业正在竭尽所能引领市场，因为它们是革新者和新技术的早期采用者，早已开始实施大数据战略。掌握大数据的时机意义非凡，因为在今后 5 到 10 年内，它将成为一种商品。到时，它将不再被称为“大数据”，而是又回到“数据”的叫法。

大数据公司的另一个显著特征是，它们收集一切信息：社交媒体数据、日志

数据、传感器数据等。因此，可以先把数据存储起来，然后再决定是否需要。你可以在已有的数据中进行筛选，但是你无法分析你没有的数据。存储的成本不应成为障碍，凭借 Hadoop，你可以使用商用硬件存储原始格式的非结构化和半结构化的数据，压缩数据甚至可以节省大量存储空间。另外，应该将数据集中存储在一个位置，避免基础设施过于分散。驻留在整个公司的仓库中的数据之所以用处不大，是因为它难以与其他数据集实时结合。访问这些数据并不方便，而且公司也无法清楚地知道哪些数据是有效的。

显然,以信息为中心的企业收集了大量各种各样的数据。除了常见的数据流，比如社交媒体、客户关系管理、网站和日志，这些公司也通过自己的许多产品收集数据。对于线上产品来说，实现这个目标是比较容易的，但是现在有越来越多的线下产品也能收集大量数据了。例如，汽车厂商在汽车内部安装数百个传感器来监控汽车的运行状况，并在汽车发生故障之前制订出维修检车的计划。另一个例子是约翰迪尔公司，它在自己的拖拉机上配备了智能传感器，用于监控机器的运作情况，以及土地和作物的状况。数据收集得越多，你的大数据战略作用就会发挥得越好。要在新产品上发现数据，确实需要打破思维常规。正如第 2 章所讨论的，从理论上来说，甚至将一杯咖啡转化为数据都是可能的。因此，当你在公司内部发现数据时，要跳出思维定式来思考。

当你拥有数太字节不同类型的数据时，分析数据就成了一项艰难的任务。尽管许多大数据创业公司声称，它们的产品开发并不需要一个成本高昂的 IT 部门（大数据科学家稀少，因而要价高），但是，**企业实施大数据战略至少应该培训 IT 人员，让他们能够处理大数据，执行最基本的分析**。当然，较大的企业应该集中力量聘请大数据员工。例如，LinkedIn 就拥有 100 名正式的数据科学家。同样，通用汽车的 1 万名内源 IT 员工中也有许多人能够执行大数据分析。训练有素的数据科学家能帮助你找出正确的问题，并利用所有可用数据得到正确的答案。你一定要给予他们优待，因为他们是稀缺紧俏的资源。

大数据的 8 大用途

大数据拥有惠及全球所有行业和地区的潜力。它不仅仅是大量的数据，也意味着将不同的数据集结合起来，为企业提供真正的洞见，而这些洞见可用于改善企业决策以及企业的财务状况。当然，对于每个行业、每个类别的企业，大数据可能有不同的用途。但是，大数据的一些惯常用途可能适用于你的企业。我将在第 6 章对不同的行业进行更细致的讨论，还会介绍一些实例。

用途 1，帮助企业真正实时了解所有顾客

过去，我们使用焦点小组和问卷调查所得出的信息来发现顾客，但是，结果才出来，这些信息就已经过时了。有了大数据，事情就大不一样了。大数据能让企业完全获取顾客的所有特征。了解顾客是向他们出售商品的关键，但是实施这些策略时一定要谨慎，以免出现隐私问题。塔吉特公司先于当事少女的父亲发现了少女怀孕的事情就是一个著名的例子。当事少女收到了怀孕产品的广告，这件事让少女的父亲感到震怒。后来，他们得知塔吉特公司是通过分析这位 16 岁少女在当地塔吉特门店的购买记录知道这一私密信息的。

如果企业确保顾客的隐私不受威胁，那么就能借助大数据为顾客提供个性化的见解。使用社交媒体数据、移动数据、网站和其他大数据分析，就有可能实时识别出每位顾客的身份、他的需要以及何时需要。即使你的顾客多达数百万，大数据也能让你全面了解所有顾客的情况。

这种了解的好处就是，你能根据个人需要制定推荐或广告。亚马逊在这方面的技术已经十分纯熟了。它的推荐系统取决于用户过去购买的产品、虚拟购物车中的产品、评价的内容和方式，以及其他拥有相似记录的顾客看过和购买的产品。亚马逊的算法能为每位顾客打造不同的网页。这一战略也换来了回报。亚马逊报告显示，2012 年第三财季的销售额增长了 27%，达到了 131.8 亿美元，而 2011 年同期仅为 96 亿美元。

用途 2，帮助企业实时共创、改善和创新产品

过去，都是消费者小组讨论他们购买的产品、所需的产品以及需要的原因。公司也采用座谈小组的形式向消费者展示新产品，了解他们的看法——如果消费者不喜欢某产品，企业就可能需要从头来过。而有了大数据，这样的小组将不复存在。

大数据分析能帮助企业更好地了解顾客对它们产品或服务的观点。相比传统问卷调查，人们在社交媒体和博客上对产品做出的评论所提供的信息更多。如果能够实时评估这些信息，企业就能立即做出反应。企业不仅可对消费者针对产品的反应进行评估，而且可以根据不同人群、不同地理位置或发表评论的不同时间做出不同的反应。

另外，大数据能让企业通过成千上万次实时模拟来测试新产品或改进后的产品。通过将可伸缩的计算能力与模拟算法相结合，企业能同时运行和测试数千种不同的情况。这种模拟程序能将所有微小改进都融入产品当中。

用途 3，帮助企业确定所面临的风险

确定风险是当今企业管理的一个重要方面。界定顾客或供应商的潜在风险，需要创建详细的资料，并将资料具体分类。每个类别都拥有不同的风险水平。当前，这个过程通常过于宽泛和模糊，起到的作用不大。顾客或供应商往往被归入错误的分类，从而对应着不正确的风险状况。风险过高虽然会损失收益，但危害也许并不会特别大，而风险过低就可能会给公司带来严重危害。有了大数据，就有可能基于过去和现在的所有数据立即为每个顾客或供应商划定适当的风险区段。

尤其是在保险企业中，预测分析被用来预测公司未来将在顾客身上花费的成本。保险公司为了降低索赔成本和避免欺诈，就需要识别出以适当价位购买适当的、风险最低的产品的顾客。运用大数据技术，比如模式识别、回归分析、文本

分析、社交数据聚合以及情感分析（通过自然语言处理或监视社交媒体），就能获得潜在顾客的全方位视图。这种全面展示顾客最新信息的方式将能够大大降低风险。当然，这种分析也能用于确定新供应商或已有供应商的潜在风险。未来几年，这将是许多金融机构的第一选择。

用途 4，为用户提供个性化网站，实时调整定价

多年来，企业一直使用对比测试和 A/B 测试为顾客实时定义最佳布局。有了大数据，这个过程将被永远改变。许多网站的参数可以被不断分析和实时分析，也可以结合起来，获得新的结果。这样，企业就有了一个流体系统，在这个系统中，外观、感觉和布局的变化会反映多重影响因素。也有可能根据每位访客当时的意图和需要，为他们提供特别定制的网页。如果访客个人要求发生变化，一周或一个月之后，他再回过头来访问该网站，就会看到一个不同的网页。

大数据也能影响价格，电子商务的收益管理将可能获得全新的意义。旅程网（Orbitz）就对此做了实验，它给苹果用户展示的酒店比给个人电脑用户展示的贵。因为它早已发现，苹果用户的酒店费用平均比个人电脑用户的高 20 到 30 美元。①

借助算法，企业就可以对市场的状况或竞争者的行动实时做出反应，并相应地调整价格。开始使用大数据为个人用户提供个性化线上产品的企业，现在正享受着销售和利润的增长。

用途 5，改善为用户提供的服务支持

有了大数据，就有可能远程监控机器，并检查它们的运行情况。运用远程信息处理技术，能实时监控机器的每一部分，再将数据发送给生产厂商，经存储后用于实时分析。一切振动、噪声和所出的错都会被自动探测到，如果算法发现不

① 想了解更多关于屏幕行为方面的内容，推荐阅读由湛庐文化策划、北京联合出版公司出版的《屏幕上的聪明决策》。——编者注

符合正常运行的情况，就会发出服务支持的警报。机器甚至会在闲置时，自动制订维修计划。当工程师前来修理机器时，他会非常清楚如何下手，因为他已拥有了所有信息。俄亥俄州哥伦布地区的建筑开发公司 Nick Savko & Sons 就已经在使用远程信息处理技术来改善运营效率了。它使用 GPS 装置来监控数据，比如空闲时间、周期时间、生产率，等等。在建设 SX 铁路价值 1.75 亿美元的转运终点站时，他们把这些 GPS 装置安装在施工设备上。所有信息都能通过远程监控获得，而这些信息帮助该公司提前一个月完成了这个项目。

用途 6，帮助企业发现新市场和新商机

全球各国政府都在开放它们的数据集，以此来刺激创新。2011 年，欧盟组织了“开放数据挑战”（Open Data Challenge），这是欧洲最大的开放数据竞赛，旨在激励创业公司找出利用政府产生的海量开放数据的创新型解决方案。例如，荷兰政府就积极探索刺激开放文化数据集的再利用方法，还组织编程马拉松（Hackathon）[①]活动来找出新的解决方案。通过将各种数据集结合在一起，企业能够赋予已有的数据新的含义，并发现新市场、新的目标群体或商机。

企业也能发现未被满足的顾客需求。通过对你的数据进行模式和 / 或回归分析，你可能就会发现以前没有意识到的顾客需求。大数据还指示企业，先到哪儿去做营销或将产品放在哪个位置。丹麦能源公司维斯塔斯风力系统公司（Vestas Wind Systems）就使用大数据和分析方法来选择风力涡轮机的最佳位置。有了那些信息，该公司就能够以最低的成本获得最多的能量。

用途 7，帮助企业更好地了解竞争对手，保持领先地位

你能为你的公司做什么，你的竞争对手或多或少也能做到。大数据将帮助企业更好地了解竞争对手以及它们之间的相互关系。它能提供抢先起步的优势。运

① 是指电脑程序员以及其他与软件开发相关的人员聚在一起，以紧密合作的形式进行某项软件专案。——译者注

用大数据分析，算法能够确定你的竞争对手是否调动了价格，然后，你也能自动调整你的价格。企业也可以监视竞争行动，比如追踪新产品或促销活动，以及针对它们的市场反应；同时，也可以随着时间的流逝追踪市场反应的变化。记住，你或你的竞争对手所做的，大多都能作为开放数据。

用途 8，帮助企业进行有效的组织规划，节省成本

通过分析公司的所有数据，你可能会发现一些方面可以得到改善和更好的规划。物流行业尤其如此。在供应链或运输过程中利用新的可用大数据源，该行业就能获得更高的效率。货车上的电子记录仪能记录行车速度、地理位置等；与拖车和配送过程相关的传感器和无线射频识别标签能提高装货和卸货的效率；另外，将道路、交通和天气方面的信息与客户的位置信息相结合，能节省大量时间和成本。

当然，这些惯常用途只展现了大数据的一小部分潜力，但是从中可以看出，大数据为业务升值提供了无限机会，能帮助你从竞争中脱颖而出。每个企业都有不同的需要，都需要特定的大数据方法。

耐克，使用大数据优化供应链

耐克想要了解自己产品中使用的所有材料。这家公司使用到的材料有 57 000 种，但是它对这些材料并不了解，因为这些材料来自二手供应商。

为了获得深层的见解，耐克收集了所有与这些材料相关的数据，并对数据做了寿命周期分析。它将分析得出的信息存储在中央数据库中，帮助它的 600 位设计人员制定更明智的决策。结果，业务、可持续性、质量和

成本都因此受到了影响。

然后，耐克迈出了令人惊艳的一步。它决定将数据与行业内的其他公司分享，这样，所有公司都能访问该数据库，运用它来制定更好的决策。耐克的目标是建立一个“供应商索引”，将每位供应商的详细信息包含在内，包括评级和可信度。关键在于将大数据转化为智能数据，让处于供应链中的人在需要使用时真正能访问这些数据。这个例子很好地展现了开放数据集如何能给整个供应链带来额外的好处。

当然，对于一个像耐克这样的大公司来说，要想立马转变为以信息为中心的企业是很困难的。和所有开始建立大数据战略的公司一样，耐克必须对整个公司内部的不同数据仓库进行整理，这些数据仓库中包含了非常有价值的信息。然而，要想有效使用数据，就必须先识别和聚合数据。据耐克负责可持续业务与创新的副总裁汉娜·琼斯（Hannah Jones）称：“创新就潜伏在数据仓库的影子中。”因此，耐克将数据仓库中的数据汇聚起来，然后识别整个公司的关键绩效指标和需要的关键数据。此后，耐克成功创建了一个对自己和相关联的公司都非常有用的平台。

大数据和投资回报

大数据能提供大量的价值，理解这一点是一个重要的出发点。然而，大数据和所有新技术一样，只有交给（高级）管理层才能得到落实，这一点对于几乎全球所有的企业都是共通的。正如其他技术一样，管理层需要了解这项投资的回报率。许多企业认为，大数据战略需要一笔巨额投资，却无法确保能获得有用的结果。本书第 4 章中已经提到过，尽管麦肯锡报告显示，企业使用大数据能提高 60% 的营运利润率并节省 8% 的支出，但是许多企业高管仍不愿意推行大数据项目，因为它存在不稳定性。

另一方面，2013 年，Wikibon 咨询集团开展的一项研究显示，接受调查的公司中，2% 宣称它们的大数据部署彻底失败了，没有实现任何价值。研究表明，它们失败的原因在于缺乏技术熟练的大数据人员、成熟的技术以及引人注目的商业用途。为了避免你的大数据项目发生相同的情况，本章随后将介绍成功执行大数据战略的路线图。

和其他新战略一样，大数据对企业的影响不可预测，实施大数据战略需要投入成本。一个企业怎样才能知道回报是什么，以及应该为开发大数据分配多少预算呢？哥伦比亚商学院和纽约美国市场营销协会 2012 年所做的一项研究显示，57% 的营销预算是基于过去的预算，而不是营销工作的投资回报。过去的结果并不能保证未来的成功，所以你为什么会使用过去的预算来决定下一年的投入呢？而且，大多数公司过去并没有大数据的预算。

建立大数据战略所涉及的主要成本是运营以及大数据融入公司的整体管理（或整合）。优秀的大数据科学家因稀缺而要价高昂，而管理一个数据网格中的数千个节点又需要高超的技术。幸运的是，大数据创业公司开发了高效的算法和/或数据即平台解决方案，能为你提供启动大数据的所有条件。大多数大数据创业公司都有透明的定价方案，能让你对预期的成本有所了解。

即便如此，确定投资回报仍然不容易，特别是没有现成的 IT 投资回报模型。传统的 IT 投资回报模型建立在一些元素的基础上，比如事务处理速度、数据中心节能，或最小化数据中心设备。大数据并不是在事务处理速度的基础上运作的。分析完成之前，往往完全无法知道能预料到什么，因此传统模型毫无作用。为了获得大数据投资回报，公司将必须从以下步骤入手：

第一，找出你想要使用大数据的原因。然后，设定理想的大数据目标。例如，你的目标可能是更好地理解顾客，从而为他们提供更好的体验。实际上，86% 的人都愿意为拥有优质顾客体验的品牌支付更高的价钱。因此，选取正确的目标有助于确定投资回报。

第二，选择实现目标所需的工具。不同大数据创业公司提供的解决方案不同，价钱也不一样。开源工具是免费的，但是很多时候它们都提供商用支持计划来帮助你使用工具。根据所选择的工具，可能需要购买商用硬件或云数据存储解决方案。这能让你对投入成本有所了解。

第三，启动小型试点项目，实现目标。解决小项目所需的投资对于首席财务官往往会不那么棘手。相比基准数据或大数据时代以前的数据，其成本和回报对于确定大数据的投资回报更为有用。

如果能正确实施以上步骤，大数据无疑将会为你的公司带来价值。价值的体现可以是将产品更快地推向市场，因为你确切地了解了顾客的需要以及他们的购买模式（可能比他们自己都先知道）。大数据也能帮助你了解你的竞争对手在做什么，或者更好地理解市场的走向。大数据也能提供高效的资源利用率。投资回报率是由目标设定、企业规模、选择的（开源）工具和硬件，以及实施的过程决定的，许多变量都会对大数据的投资回报有影响。如果选择正确，大数据将会为你带来收益，设立试点项目也能为你提供有价值的见解。

资产负债表中的大数据

曾经，IT 是关于节省资金的。相比之下，大数据是关于赚钱和创造价值的。正因为如此，可以把它纳入公司的资产负债表。赛仕软件 2012 年的一项研究表明，英国近 20% 的大公司已经在它们的资产负债表中赋予数据以财务价值，所以，显然更多的企业已经开始理解和懂得数据的价值了。那么，企业应该如何推进大数据，如何在资产负债表上说明大数据呢？

资产负债表表示的是一家企业特定时间点的财务状况，即它的资产和负债。

资产包括有形资产（如机器和硬件等）和无形资产（如商标、版权和算法等）。负债为企业运营期间所有合法债务或义务，比如贷款和应付账款。

无形资产也包括数据。实际上，2011 年，美国电话电报公司（AT&T）资产负债表上顾客名单和关系之类的数据的估价为 27 亿美元。如果这些数据能被包含在内，那为什么数据的派生价值、大数据或信息不能作为一项资产呢？

然而，如果数据不能得到妥善管理和保存，就会成为一笔负债。荷兰数据安全公司 Diginotar 就是一个很好的例子，这家公司因为数据没有得到应有的保护而破产。虽然这个例子有些极端，但是它表明了大数据的安全十分重要，如果不能得到妥善的保护，就会成为一笔债务。

我们不妨假定大数据是公司的一项资产。人们常说“信息是我们最大的资产”。甲骨文公司（Oracle）的技术总监大卫·拉詹（David Rajan）发现，77% 的公司的首席信息官认为，数据应该作为一项定义一个企业价值的关键指标出现在资产负债表中。

如果真是那样，你会如何评价大数据在企业中的价值呢？至少，确定大数据的成本更为容易了：“仅仅”是创建、更新、存储、检索、存档、处置数据的总成本。然而，确定大数据项目的投资回报要困难得多，因为其中存在许多不确定因素。

“数据的回报”一词是指定义企业内部大数据价值的一项指标。更好地使用数据，就能更深入地了解你的顾客，从而在短时间内提升产品质量，提高顾客生命价值（Customer Lifetime Value，简称 CLV）[①]。预期 CLV 和当前实际 CLV 之间的差可能就是大数据的价值。如果企业目的是降低运输中的能源消耗量，那么数据的回报就是每年节省的能源费用减去布置所有大数据技术需要的

① 企业未来从某一特定客户身上通过销售或服务所实现的预期利润。——译者注

成本。

正式将大数据纳入公司的资产负债表是一项重大决策，应该有理有据。将大数据纳入资产负债表中的一个优势是可以更好地控制和管理数据。因此，让人们意识到企业内部数据的存在和价值，可能会促使企业更好地使用数据，以及接受大数据为一种战略。

企业内部大数据的 3 大影响力

大数据对所有的行业都有影响，但是它对公司内部的不同部门是否也有影响呢？显然，它对营销有着积极影响，特别是开展公关活动和客户关系管理。不过，大数据也能影响人力资源部门的管理方式。此外，许多公司都有遗留系统（Legacy System）[①]，其中包含有大量可用和必需的数据。缺少这些数据就会像拼图少了几块，构不成一幅完整的图画。

大数据对客户关系管理的影响

客户关系管理是指一个企业与现有和未来顾客的交互。它包含所有与客户接触的时刻，对它进行分析是为了提供更好的服务。客户关系管理始终都涉及数据收集，但是，过去它收集的大部分是结构化数据，比如联系信息、最新联系点、购买的产品等。有了大数据技术，企业就可以处理、存储和分析不是由客户直接提供的大量非结构化数据了，并能够使用这些数据获得有关客户行为的更多见解。有了大数据技术，客户关系管理就会成为真正的营收驱动力。

以前，客户关系管理系统通常无法满足人们的期望，因为它只管理客户关系。而大数据客户关系管理可以走得更远，它归根结底就是服务顾客。通过使用大数据，

① 是指基本上不能进行修改和进化以满足新的变化了的业务要求的任何信息系统。企业信息系统在升级改造的过程中，如何处理、利用这些遗留下来的老系统，成为新系统建设成败的关键因素之一。——译者注

企业应该能够成功解决大多数标准的客户关系管理程序中所出现的问题。注意：

◎ 建立客户关系管理系统只是一个开端，接下来，需要鼓励员工有效地使用它。大数据应该是企业内部完整文化变革的一部分，所以这个问题应该要得到解决。

◎ 缺乏明确的（技术）目标会导致系统不完善，以及数据收集和存储不当。大数据需要严格的存储和使用数据的指导方针和过程，确保数据兼容。

实施大数据客户关系管理程序必须采取一些步骤。不妨审视一下，从大数据角度来看，客户服务究竟意味着什么。有效的客户服务管理就会产生更好的结果，但是它要求的不仅仅是关系管理，还有更多。大数据客户关系管理的四个重要阶段构成了客户服务的一个完整周期，分别是关系管理、与顾客互动、分析客户接触点，以及真正了解客户（见图 5-1）。

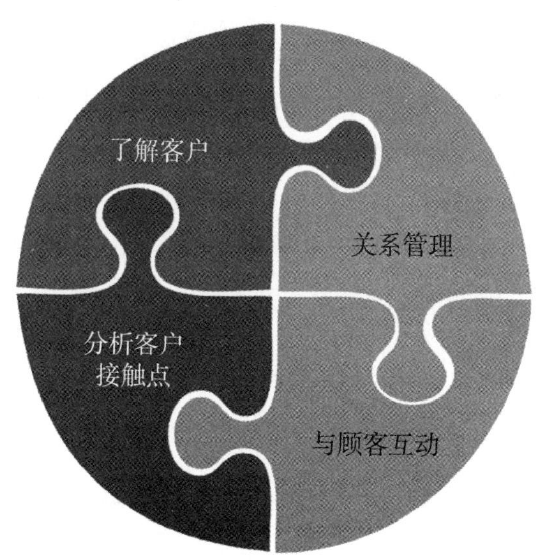

图 5-1　大数据客户关系管理流程

借助联系信息、地址和最新联系等结构化数据来管理客户是其中的一部分。它主要是一种由内而外的途径，企业通过发送信息和存储基本信息“管理”客户，在固定的业务时间通过预先确定的渠道完成。这样一个由企业定义、指定部门执行的过程虽然缺乏灵活性，却是一个重要的起点。

使用电子邮件、推文、Facebook 帖子、评论等非结构化数据与客户互动是一种客户驱动或由外而内的途径。这是一个双向沟通的过程。通常是由客户决定与企业建立联系的时间，而且他们希望很快就收到回复。企业中的每个人都应该包括在这互动内。

使用在线访问、点击、跳出率等结构化数据分析客户活动是一个企业驱动的过程，它主要由网络分析师执行。当被要求提供一份深刻见解或定期向营销人员提供标准化的报告时，网络分析师就会完成这一操作。大数据技术将使分析师的角色发生显著改变，因为人们将要求分析师更主动地定期（最好是实时）提供包含更多主题的结果。

了解客户是大数据客户关系管理真正迷人的地方。大数据科学家使用非结构化和结构化的数据建立可对数据执行广泛分析的算法，让企业能够实时了解每一个客户。他们能够建立预测模型，开发并交付客户真正需要的产品，从而提升客户转化率和客户满意度。

洲际酒店集团，一个面向服务的数据驱动型公司

2013 年，洲际酒店集团在全球拥有 4 602 家酒店、675 982 间客房。它正在收集旗下各个酒店品牌的大量数据。近几年来，洲际酒店集团引进了先进的分析技术，从一个包含近 50 个变量的结构化数据集，转

变成了一个可实时分析结构化数据和非结构化数据的大数据解决方案。如今，集团使用不同来源的650个变量收集它的酒店、竞争者、顾客的相关信息，以及其他内部和外部数据。

洲际酒店集团已成为一家真正的数据驱动型企业，它所带来的结果就是员工能做出更好的决策。毫不奇怪，它每年的房间预订量达到了1.5亿。每次预订都创造了大量数据，包括预订渠道、预订时间、预订地点以及顾客信息。此外，洲际酒店集团还使用来自其忠诚计划“优悦会”（Priority Club Rewards）的数据来打造更好的用户体验。“优悦会”是世界上最大的酒店忠诚度计划，与45家航空公司结盟，拥有7 100万顾客，制造了大量数据。

为了使来自预订系统和忠诚计划的所有数据合理化，洲际酒店集团在几年前决定重建预订系统。新系统可切换多种语言，并且可实时访问忠诚计划。它使用了一个基于开放标准的面向服务的架构，能与现有业务流程轻松融合，也能进行升级，适应未来需要。现在，洲际酒店集团能够为每位顾客提供个性化的网络体验，这确保了高转化率，也推动了预订量增长。

为了让顾客满意，洲际酒店集团就广泛的主题对顾客进行调查，并将调查结果与行业绩效、经济数据结合起来，对企业业绩进行基准测试。洲际酒店集团也借此得以更全面地了解影响业绩的所有外部因素。集团也收集了旗下酒店和员工的大量一般元数据，比如酒店房间数量、使用时间、可用便利设施、位置以及员工任期和经验；同时也收集了其他数据，比如地方需求驱动力和附近酒店数量。

所有数据都接受实时分析，并被用于评价每天营销计划的执行情况。正是由于这些有效数据，洲际酒店集团才能够做出更好的决策，特别是在经济不景气的时候。洲际酒店集团美洲营销策略和分析总监曼尼什·沙阿（Manish Shah）解释说：“（我们）重新评估了营销组合，并调整了开支，为的是更好地适应当前经济的业务需求。”洲际酒店集团评估和筛选大量数据集时用到了多种分析手段：

◎ 运营分析用于为公司内部利益相关者提供明晰的战术和运营层面的报告，帮助他们更好地决策。

◎ 回归分析发现数据中的模式，显示趋势走向，并指明应跟随的趋势。

◎ 预测分析用于预测不同网络和移动渠道的顾客的购买行为。

洲际酒店集团的主要目标是使用大数据创建一个全公司层面的数据视图，且视图可以使用稳健分析手段进行分析，从而识别出重要见解，并将这些见解用于制定更好的决策。通过使用所有这些数据，集团就能够深入了解旗下特定品牌在任意一个国家的情况，并找出让该酒店获得一流业绩的真正驱动因素。它甚至可以更进一步，使用这些见解将整个集团下属酒店分为拥有共同利益的多个集群，而不受品牌限制。在这些集群中，预测分析帮助确定每个集群的驱动力。

绩效战略和规划总监大卫·施密特（David Schmitt）向我们提供了洲际酒店集团转型为数据驱动型企业的三个经验：

第一，使用一个小型测试案例，由下至上创造需求。然后，成功的案例会广为传播，让整个公司变得更加聪明。一开始就从大处着手是非常困难的。

第二，完美是无法实现的，所以不要干等最好的工具出现。创建完美的数据集或完美模型是不可能的。市场上会不断出现新的模型和工具，虽然这些新模型和工具的性能将会得到提升，但是等待最终会滋生惰性。从你现有的数据着手，在这个基础上往前推进。

第三，你需要提供案例，大多数管理者并不关心技术的细节和模型背后的数学原理，他们只希望它能奏效。可视化呈现案例是非常重要的，洲际酒店集团运用可视化手段提供案例，而不是深入解读技术细节信息。

面向服务的数据驱动型企业，比如洲际酒店集团，它极好地展现了大数据是如何帮助行业提升品质和效率，以及改善顾客体验的。所有企业都能从这些例子中吸取经验，也都应该向以信息为中心的企业推进。

如果企业能综合利用大数据的方方面面，就能获得实际的价值，并将传统的客户关系管理推向一个更高的水平。企业可以使用大数据工具和技术来处理未来流入企业的海量数据流。有了适当的算法，就有可能执行以下分析，为顾客提供更优质的服务：

◎ 模式分析可以揭开一个数据集或数据集组合中的新模式。它们可以是结构化数据（连续的人口数据行），也可以是非结构化数据（与产品相关的推文）。
◎ 情感分析可以发现顾客对你的产品/服务的评价。它能在问题广泛传播之前，帮助解决它们，也有助于提升服务。
◎ 营销分析可以分析顾客与你公司的互动，以及顾客之间的互动，以优化营销决策和信息。
◎ 推荐分析可以为你的顾客提供最好的推荐，提高转化率。推荐越符合顾客的需要，转化率就越高。
◎ 影响分析可以确定哪些顾客对其他顾客影响最大。了解谁对谁有影响对企业来说是一个巨大的优势，有助于更好地服务顾客。

收集、处理和存储适当的数据只是真正有价值的大数据客户关系管理程序的一部分；使用正确的工具分析数据，获得有价值的见解则是它的另一部分。为了真正获得客户关系管理程序，提升顾客满意度，企业必须转向以信息为中心。

企业不了解自己的顾客已经行不通了。无论顾客通过何种渠道联系企业，他们都希望获得承认和妥善对待。运用大数据技术收集、存储和分析必要数据，将会使你的客户关系管理变得真正易管理、有价值，从而让你的公司拥有竞争优势。

大数据对公关活动的影响

公关（Public Relation）意味着必须管理企业和公众之间的信息传播。由于所有信息都是数据，所以，可以经过分析之后再用于提升公关活动。进入大数据的世界，就可以将这些信息转化为有价值的见解。公关就是让利益相关者对企业抱持某种观点。有了大数据，就有可能了解该观点是什么，它随着时间的迁移如何变化，怎样提升它，以及它对公关活动有什么影响。

大数据能从多方面对公关产生影响。它能提供有关利益相关者的深刻见解，包括他们是谁、他们有什么看法，以及他们来自哪里。这些数据可用于开发与特定利益相关者的特征相匹配的信息。利益相关者中应该有影响者，企业需要把他们识别出来：他们是谁？来自哪里？如何让他们受到积极影响？但是，在社交媒体的世界里，任何顾客最终都能成为影响者。大数据能够确定顾客的情绪，以及这些情绪在活动结束之后会如何变化。全面了解顾客的公司将能够正确为顾客建立资料，并向他们发送适当的信息，影响他们的情绪。另外，大数据能够提供开发公关案例所需的信息和数字，让公关案例引发利益相关者产生共鸣。最后，大数据能够在危机中拯救你的公司。接下来，不妨逐个讨论一下这些方面。

影响者

影响者是指拥有巨大人脉网的人，他们能够快速、广泛地传播消息。如果你知道如何找到和接近影响者，他们就能帮助你的公司。Lithium 的首席分析科学家迈克尔·吴（Michael Wu）描述了六类可用于发现影响者的数据：

◎ 参与速度数据（Involvement Velocity Data）：某人通过社交网络分享信息的频率，或者发表特定主题的推文或博客的数量。你从这些信息中可以知道某顾客与你公司的关联度。

◎ 社交资本数据（Social Equity Data）：某人在社交网络上的粉丝数量或者一篇博客的独立访客数量。

◎ 引用数据（Citation Data）：其他人在推文、评论或帖子上提到某人的频率。某人被提到的次数越多，他的可信度就越高。

◎ 状态数据（Status Data）：简单（而非全面）谈论某人的可信度。

◎ 自评数据（Self-Proclaimed Data）：某人在如 LinkedIn 等平台上谈论自己的数据。但是，由于是影响者自己发布的信息，所以不太可信。

◎ 社交图谱数据（Social Graph Data）：影响者的关系以及如何构建影响者的网络。

有了大数据技术，就能聚合、存储、分析和可视化处理以上信息，找出顶级影响者的名单。一旦找到了他们，了解他们发布的信息以及如何对他们施加积极影响就变得十分重要了。

顾客

顶级影响者能帮助传播你的消息。了解你的顾客有助于在适当的时候向适当的目标群体发送适当的消息。有了大数据，就有可能了解你的顾客是谁，以及应该如何接近每个顾客群体。将不同的数据源连接起来，比如忠诚计划、客户关系管理系统、评论以及社交媒体，就能真正实现对顾客的全面了解。这些有价值的信息将有助于创建吸引顾客的消息。

高附着力因素的定制案例

了解哪些信息最适合哪些（潜在）顾客或影响者只是公关活动的一个方面。优秀的公关活动都有两个共同点：高附着力因素，以及在互联网上进行病毒式传播的能力。尽管许多人或企业都声称拥有打造完美公关活动的秘诀，但是，发起一场病毒式传播的公关活动不容易。不过，大数据使这个过程的难度有少许下降。将那些看到活动的人们的公共和社交数据结合起来，就能使公关活动转变为一条个性化且具有潜在趣味的消息，这样一条消息可能会分享到整个社交网络中。大数据技术能让你找到合适的人，这些人的实时公共和社交数据将会帮助你打造一条具有附着力的定制消息。

可视化处理消息

将数据集或数据集组合可视化处理成丰富的图表或信息图，将有助于把案例阐述清楚，也有助于传播产品或服务的相关信息。尤其是，信息图是优秀的展示工具，其中包含影响你公司的数据。

不断改进交流过程

成功的公关活动少不了持续的观察和调整。如果你的公司想要了解哪些因素没有发挥作用，哪些因素发挥了作用以及对谁发挥了作用，那么跟踪活动进展就非常重要。大数据能提供来自全世界的实时见解，包括人们是怎样注意到这次公关活动的，网上的情绪如何，以及人们对它有什么评价。实时接收这些分析数据的企业将有机会在必要时迅速做出调整。

在危机时刻拯救公司

有了大数据工具，就能在危机即将降临时立即发现。凭借适当的预测算法，甚至有可能预测出危机。算法不仅可以分析所有流进和流出企业的数据，也能分析所有相关的内部和外部数据，确定负面信息传播的时间、地点和主题。你的目标就是在负面信息具备病毒式传播的可能以及在大众接触到它们之前，发现这些负面信息。

如果危机真的降临到你的公司，大数据能通过提供有价值的信息来控制危机的影响，从而帮助你的公关部门。这不仅适用于企业，也适用于灾难救援。飓风"桑迪"袭击纽约之后，大数据派上了用场，它能够识别出最需要食物和其他物资供应的市民。Marketwire 的首席运营官吉姆·德兰尼（Jim Delaney）举例说明了社区驱动型应用"位智"（Waze，了解用户驾驶习惯，提供路线和实时交通信息更新）如何在那次灾难中提供帮助，"美国联邦应急管理署和白宫让位智来决定新泽西州的汽油车派遣，"然后，"它们基于在位智上找到的数据，通知民众在汽油短缺和断电期间哪些加油站有汽油。"

衡量大数据效果

在大数据时代，定义关键绩效指标是可能的，但是它由你想要实现的目标决定。你想改善人们的情绪吗？你想让顾客参与进来吗？你想提升顾客的满意度吗？在大数据世界里，公关就是（在线）接触、情绪，以及在适当的时间向适当的人发送适当的消息。有了合适的大数据技术，就有可能对你的行动进行实时分析，如有必要也可进行调整，并在公关活动结束之前，改善其效果。

大数据对人力资源的影响

大数据影响我们的生活方式、工作方式，并进而影响到我们共同协作的方式。因此，大数据应该列入人力资源经理的日程中。如果人力资源恰当地利用大数据，就能提高员工的生产力，降低成本，增加企业收入。借助大数据，企业就能培养出更优质、满意度更高的员工。

分析职场行为

大数据能帮助企业更好地理解职场行为。安装在办公设备中的传感器能让你了解会议室的使用情况，包括有多少员工、多长时间以及什么时候。它能提供这些信息：员工多久离开办公桌一次，会议用了多长时间，谁和谁会面。收集这些数据，并将它们与其他数据源（比如谁和谁合作，谁给谁发邮件，以及谁有哪些知识）结合起来，就能够推动合作、提高效率。这些数据将有助于设计办公室，并合理安排经常有业务往来的员工坐在一起。

一家技术公司的研究显示，使用可容纳 12 人的大型午餐桌能提高员工的生产力，因为这样能产生更多的社交互动。美国卡毕斯特制药公司运用数据发现了公司里的咖啡机过多。通过减少咖啡机的数量，打造更为集中的喝咖啡的场所，这家公司提高了员工之间偶然互动的机会。当员工感觉自己更有效率，与其他人之间的互动更多时，他们工作的心情可能就会更愉快。员工心情越好，工作也会越努力。因此，运用大数据，以最佳方式设计办公室是明智之举。

揭示可用信息

大数据也能揭示企业内部可用信息的类型。市场上有一些工具可以浏览和分析所有文档、邮件、通话记录、聊天消息、内网数据。这些工具能告诉你哪位员工擅长哪个话题以及缺乏哪些信息。它甚至能提醒你公司即将失去哪些信息，比如某位了解特定主题知识的员工即将离休。

数据也能告诉你，公司里某些人虽然不具备很多知识，但是可以视为沟通者。马尔科姆·格拉德威尔（Malcolm Gladwell）将这些“连接器”称为引爆点，他们在公司内部有着非常重要的作用，能让大家聚在一起。沟通者离职并转投竞争对手会给企业造成极大的损失，所以明智的做法是找出这些员工。

此外，如果员工在需要特定主题的信息时可以直接查询企业内网，大数据就能帮助他们尽快联系上整个公司中那个合适的人，无论他身处何地。这样，可用信息就能为所有人使用，而不是保存在数据仓库里。

招聘新员工

知道目前有哪些知识，也就能知道缺哪些知识。这一信息能帮助人力资源部门为合适的职位找到合适的员工。大数据甚至还能帮助评估求职者。大数据工具能自动浏览求职者的简历和其社交公开数据，并根据工作要求为每位求职者评分。此外，大数据也能在在线评估期间提供更多的信息，比如求职者回答问题的方式、每个问题花去的时间、使用的资源、回答问题的顺序等。相比求职者给出的答案，透过这些信息更能了解求职者的行为。当然，测试分数和大学平均成绩只能反映求职者很小一部分的潜力，求职者的工作表现更为重要。

Catalyst IT Services，使用大数据技术招聘员工

Catalyst IT Services 是位于巴尔的摩的一家技术外包公司，已经筛选了 1 万多个应聘人选。人工筛选是一项艰难的过程，需要耗费大量人力和财力。创始人迈克尔·罗森巴姆（Michael Rosenbaum）提出了一项重大计划，改变了缓慢的传统招聘过程。运用技术和算法，这家公司建立了一个程序，基于求职者完成一项强制性调查的表现来进行筛选。这家公司成功地实施了这一项大数据招聘战略，人员流失的比例减少到了 15%，而其他美国竞争者的这一比例为 30%。

运用大数据后，为合适的工作招聘到合适的人选的这个过程得到了很大改进。过去，招聘经理的主观看法可能会导致合适的人员进入错误的岗位。现在的数据运算过程是围绕求职者需要完成的一个在线评估过程开发出来的。在完成评估的过程中，软件会收集许多求职者的数据。这些数据是一位求职者完成评估过程的表现，它往往比求职者实际所表达的内容更为重要。

例如，某人碰到一个难题后，可能会迅速略过，也可能反反复复，思考很长一段时间。这一信息可以从很大程度上说明这个人在应对挑战方面的表现。这位求职者可能擅长有条不紊地完成任务，另一位求职者则可能有其他长项。Catalyst IT Services 喜欢把它叫作“点球成金式的模式”（Moneyball-like Model）。通过分析数据而不是个人感知，这家公司成功招聘到了合适的人才，并为客户量身打造出了高技能型团队。

分析这些属性并将它们与特定的环境搭配起来，在这方面，计算机比人做得更好，特别是这种方法所考察的变量很多，超出了人类所能处理的范围。通常，这种方法要考察数千个数据点，比如评估过程中花在试卷上的时间、按键次数、公共领域数据、社交网络数据、求职过程中的互动数据以及简历数据。随后，算法将计算求职者在特定项目、特定时期中的表现的概率得分。达标的求职者将参加面试，而绝大多数参加面试者都顺利走上了岗位。

在招聘过程中使用大数据无疑是一条有趣的途径，因为长期以来，招聘都被看作是一项无法由计算机完成的任务。当然，Catalyst IT Services 仍然让招聘经理来面试那些达标的求职者，但是他们手中掌握的信息要比以前多得多了。因此，他们能做出更为妥当的决策，为合适的人员安排合适的工作，最终为公司节省了成本。

别让员工感到大数据是一种监视

在人力资源部门中运用大数据也存在着一些负面影响。最不利的一个影响就是员工会觉得老板在注视着他们的一举一动，这会让他们有种“老大哥在监视”的感觉，从而严重打击员工的生产力和工作心情。和往常一样，企业老板必须向员工坦白使用、分析特定数据的原因。员工需要转变思想，理解大数据能帮助他们，而不是在监视。再说，多年来，员工进出办公室需要通过传感器确认身份牌，其实这一项技术已经是在监视员工的行为。

遗留系统和大数据

尽管世界上 90% 的可用数据都是近两年生成的，但是仍然有大量的“旧数据”。通过一项简单的计算，我们可以发现，仍然有将近 0.3 泽字节的旧数据。如果我们把它和当前每天生成的 2.5 泽字节数据相比较，似乎没什么可担心的。可惜，这种想法是不对的。那 0.3 泽字节的数据足以让我们头疼，甚至失眠，同时还会耗费大量的精力和金钱。

为什么呢？因为那 0.3 泽字节的数据中有很大一部分保存在遗留系统中，而那些系统与现代技术不能兼容。关闭那些系统或简单地将数据导入现代大数据平台有不小的难度。尤其是，保险公司和银行都有遗留系统，其中一些已经存在几十年了。由于金融企业之间有过许多次并购，所以有些银行拥有很多不同的遗留系统。有家银行甚至拥有 40 个不同的遗留系统。这些陈旧、粗糙的遗留系统通常可见于信用卡支付系统、ATM 以及分支或渠道解决方案。这样的遗留系统给公司带来了许多问题。例如，德意志银行（Deutsche Bank）由于遗留系统的原因不得不推迟大数据计划。

必须处理遗留系统的不仅是银行，汽车行业也面临着相似的问题。福特汽车公司的数据中心是在一个软件上运行的，而那个软件已有三四十年的历史了。制造业、旅游业以及公共部门也不得不处理遗留系统。替换掉这些遗留系统几乎是不可能的。《计算机周刊》（*Computer Weekly*）的编辑卡尔·弗林德斯（Karl Flinders）称这种做法是“在波音 747 飞行时，替换飞机的引擎”。

遗留系统由传统关系数据库管理系统组成，这些系统通常存在于老旧、运作缓慢的机器中，而且机器每次不能处理过多的数据。因此，这些系统大多在夜间处理数据，并且要花费很长时间查询需要的数据。在遗留系统中实时处理和分析数据是不可能实现的。

这个问题的一个解决方案是替换整个遗留系统。这一行动不仅隐含大量风险，也涉及巨额成本，所以许多公司可能不会采用这一方案。虽然看似难度不小，但也不无可能，澳洲联邦银行（Commonwealth Bank of Australia）就是一个成功的例子。在过去五年里，这家银行替换了整个银行的核心系统，将大多数服务转入云端，并开发了许多应用和创新成果，由此走到了创新的前沿。

因此，必须发明新的创新技术，做到实时分析遗留系统中的各种数据集。吉字节，甚至是兆字节时代的系统仍然包含了有价值的（历史）信息。保存和使用数据仓库中的历史数据的方式有多种：

◎ 可使用宏定期对数据进行批处理，转化为新的大数据解决方案。然后，这些数据就可与新数据一起使用了。

◎ 可以向大数据仓库定期发送遗留系统中的数据汇总，一来可以使用大数据仓库中的数据，二来可以避免持续查询遗留数据。

有了这些解决方案，就能分析新数据和单个综合架构框架中的结构化遗留数据了。这样的平台既能让遗留数据保留在现有数据仓库中，同时又能做到近实时分析。

不过，使用中间件来提升系统，并取代支持它们的硬件也不是理想的方式。遗留系统面临的另一个问题是 IT 预算的更大比重将转向支持大数据项目。这样，留给遗留系统的可用资金就不多了。此外，能够使用遗留系统的人也在减少，并且要价不菲。

如果这一趋势持续下去，就有一种危险：遗留数据终有一天会垮掉，让企业陷入很多麻烦中。企业替换遗留系统的时间越晚（或者至少让它们与大数据技术相匹配），成本就越高，难度也越大。

只有当所有数据（包括遗留系统中的拥有不兼容数据格式的数据）都得到使用，才会出现真正革新性的见解。因此，遗留系统中的数据最终还是需要转化到大规模可扩展的存储系统中，从而替换掉那些遗留系统的关键搜索、计算和报告功能。

最终，拥有遗留系统的企业的目标应该是将这些系统真正淘汰掉，因为企业不能永远支持这些系统。如果它们能同时在一个平台上整合遗留数据来产生数据聚合，就能从历史数据中获益，得到有价值的见解。

大数据企业落地路线图

第一步了解大数据是什么；第二步了解大数据战略如何能让你的公司获益；第三步也是最难的一步，了解如何实施大数据战略。许多公司都将第三步视为最困难的步骤。在流程导向的大型企业中，这是事实。因此，说服董事会继续推进以及确定从何处下手可能会让人感觉焦头烂额。不过实际上，需要采取的步骤非常明确、直白（见图 5-2）。

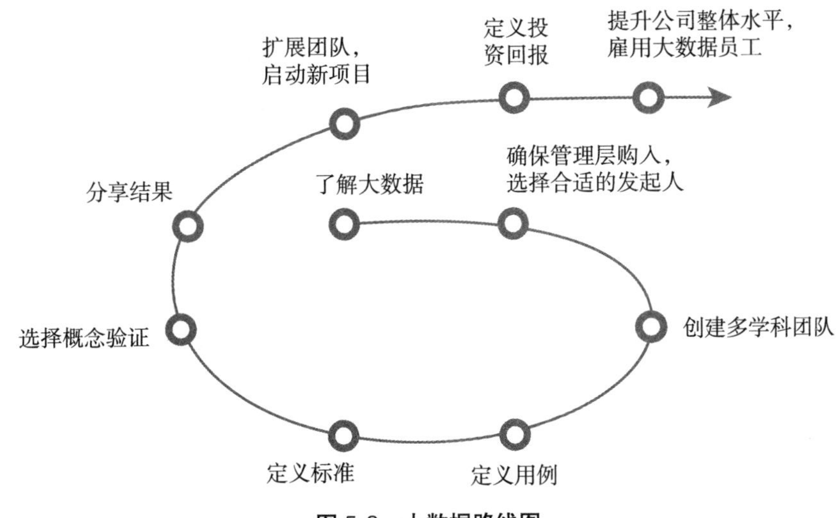

图 5-2 大数据路线图

首先，企业需要了解大数据是什么，否则，就无法定义大数据战略。了解大数据是什么，能够帮助你在企业内部实现管理层购入（Management Buy-In）。大数据通常被视为一个 IT 问题，因为毕竟需要硬件和软件来实施大数据战略。硬件和软件需要由水平高超的大数据技术员工来开发。大数据团队很大程度上就是由这些专业人才组成的，特别是在开发一个内部部署解决方案时，或者执行概念验证和大数据战略时。全世界也有许多博客或事件瞄准了聚焦于大数据工程、架构和分析的技术性 IT 观点。这毫不奇怪，因为大数据战略相比之前的战略，拥有不同的 IT 要求。因此，分享信息意义重大且很有价值。

不过，我们不应该忘记，IT 仅是实现公司战略的一种手段。这个战略可以是“提升顾客满意度”“增收”或者“提升运营效率”。实现战略的途径可以是大数据或其他任何解决方案。如果战略是“提升顾客满意度”，把它定义为 IT 问题或让 IT 总监担任发起人就显得很奇怪了。IT 只不过是操作性和支持力度很强，它无法领导或发起大数据项目。

然而，为大数据项目找到发起人，对于它的成功至关重要。这位发起人可以是高管或董事会成员，而且他应该参与和支持推进大数据的决策。原因在于启动大数据项目难度不小，而且最初无法确定结果。

管理层购入确保了这个项目在未出现实质结果之前不会停止。管理项目的人应该是公司内部人员，他了解所有部门，对项目有高屋建瓴般的认识，且职位够高，足以指导和凝聚整个公司。

这里列出了对大数据项目的潜在发起人的几点重要要求。发起人满足的要求越多，大数据项目就越有可能成功。

◎ 他必须在公司内部拥有广泛的人脉，能让所有部门共同努力实施大数据战略。
◎ 他必须拥有一定专业素养，能够理解大数据如何运作以及将如何推动改变。
◎ 他必须能够基于数据仓库中导出的可用数据发现新的商业机会。
◎ 他必须能够领导团队朝着正确的方向前进，特别是在不确定的环境下。
◎ 他必须能够获得启动大数据战略必需的经费，同时也要认识到开始时的失败是过程的一部分。

基于上述要求，由一位高管充当发起人是最好的选择，他能够推动大家接受大数据战略，加快必要的文化革新。董事会参与大数据战略，能确保项目在出现实质结果之前不会停止。

一旦高管层或董事会批准了这一议题，某位高管发起了项目，接下来，就要从公司所有与大数据项目有关的部门中抽调人员来组成多学科团队。数据应该保存在整个公司的仓库中，只注重公司的某一部分，会导致遗漏有价值的数据源。因此，许多部门都应该被包含进来：营销部门要了解顾客的观点；产品管理部门要了解如何通过产品和服务收集数据；人力资源部门要了解从员工身上收集到的数据的效果；法务部门要确保公司遵守道德准则；财务部门要控制预算；IT 部门要按需要开发硬件和软件。

当定义可能的大数据业务用例时，将所有部门包含进来就是一个重大优势。不同学科的人参与进来可以让头脑风暴讨论会更为成功。多学科大数据团队的每位成员都应该能提供独特的观点，通过集思广益，就能够定义大量的可能用途。在这个阶段，重要的是接受讨论会提出的所有观点，就像普通的头脑风暴讨论会一样，不会出现“不行”和“那不可能”之类的言论。关键是让创意任意发挥，这能让你找到以前没有考虑到的新数据源。

定义了几十种可能的用途之后，就该指定排名标准了。这有助于将用途区分为不同的类别，比如那些在运营过程中解决瓶颈问题的用途或那些提升效率的用途。根据标准，将所有业务用例分类。标准可以是对 IT 的影响、对实施解决方案的影响，以及 / 或可能的价值定位。不必为每个业务用例开发场景，因为当前存在着太多的未知因素。

基于标准和选定的类别，就可以选出未来将实现的概念验证。多学科大数据团队应该能够以极小的努力实现概念验证。相比较开发出完整的解决方案，最终才发现存在问题，还是尽早失败、多遭遇失败更好。虽然大数据极具潜力，能带来许多积极的成果，但是一开始这一特征也许并不明显。不要害怕失败，要敢于从头再来。因为它是学习曲线的一部分，你要了解如何处理大数据，并更深入地了解你的公司如何能从中获得最大利益。毕竟，对于每个公司，大数据带来的好处不尽相同。

得出概念验证的最初结果之后，就要立即在整个公司内部分享。它将有助于让所有人都参与到大数据中来，公司要在大数据上取得真正的成功，就应该呈现出一种以信息为中心的文化。如果概念验证取得了积极成果，就该在整个公司中扩展多学科团队，启动更多、更大的项目。推广从第一批项目中汲取的经验，并通过更好地定义可能的投资回报、IT 影响、进程影响以及其他重要标准，将它们应用到新的项目中去。

由此，整个过程重新开始。未来项目应该有更高的成功率，实施进度也应更快。只要明智且正确地实施大数据项目，它们最终会对企业净收入产生积极影响。随着企业和大数据的关系越来越紧密，培训大数据员工或聘请大数据科学家将是明智之举。一些企业在自行培训员工,另一些则在开展试点项目时聘请顾问，然后让顾问培训内部人员。两种选择都是可行的，它取决于企业愿意投入的时间和资金。当合适的人员（通过培训或聘请）到位后，建立适当的大数据基础设施和在整个公司推广大数据的进度就会变得更快。但是，不要在这一阶段花费太多的资源；如果数据集只需要比如 1 到 10 太字节的数据，你就无须建立一个完整的 Hadoop 系统。2012 年，微软的一项研究表明，人们对使用 Hadoop 过于热衷，这是一种资源的浪费。

7 种最重要的大数据员工

大数据时代需要具备不同技能的员工来从事最近才出现的新工作。开发和实施成功的大数据战略也涉及雇用合适的员工。企业应该推出什么类型的工作？不同的员工需要具备什么能力？如果一个企业要全面实现大数据战略，就应该拥有以下 7 种最重要的大数据员工（当然，如果一个企业从小处做起，可以不要求样样俱全）：

◎ 首席数据官

◎ 大数据科学家

◎ 大数据分析师

◎ 大数据可视化技术人员

◎ 大数据经理

◎ 大数据工程师

◎ 大数据顾问

首席数据官

首席数据官应该负责企业的大数据整体战略。如果大数据战略要覆盖整个企业，遍及各个层面和所有部门，首席数据官就要负责确保战略正确实施，数据准确、安全，以及顾客的隐私得到保护。因为数据驱动型决策是以信息为中心的企业的一个重要方面，所以首席数据官应该是执行委员会的一员，直接向首席执行官报告。

数据本身并不能带来任何价值，只有当它经过分析，转化为信息之后，才会变得有价值。因此，这个角色也可以称为首席信息官。然而，对于强调数据的重要性，以及在企业范围内将数据的管理和利用视作一项资产，首席数据官更为合适。这个职位强调了该管理者和数据的联系，而这种联系将会创造一个以信息为中心的企业。

首席数据官应该指导所有大数据方案。他应该精心打造和 / 或管理标准的数据操作程序、数据责任评定政策、大数据质量标准、数据隐私和道德政策，还要了解如何将企业中不同的数据源结合起来。首席数据官应该对企业内部与数据相关的动态有整体认识，并将它描述成董事会层面的战略性业务资产。

首席数据官也应负责定义企业内部大数据的战略重点。由于首席数据官对数据的整体认识最清晰，他应该能够基于可用数据识别新商业机会，指导企业内不同的大数据团队，让他们明确应存储、分析和使用哪些数据，以及出于什么目的。最后，首席数据官应该负责通过使用数据为企业增收或降低成本。

首席数据官的另一项责任应该是推行道德准则。在推动企业使用数据的同时，首席数据官也应该是企业的数据良心。

首席数据官应该彻底公开收集的数据类型及其用途。他应该让消费者知道收集了他们的哪些数据，并且，如果数据不是匿名化存储，就应该允许消费者把它删除。此外，首席数据官应该让消费者能够轻松调整任何与数据收集相关的隐私设置。如果整个公司都能做到这一点，这个公司就能得到消费者的信任。

收集和存储数据之后，安全就是关键。被黑客入侵或丢失数据会对企业造成严重危害，因此，最高层应该重视这个问题。

最后，应该让首席数据官负责所有数据的收集、存储、分享、出售和分析。大数据隐私和道德太过重要，必须在高管层进行讨论。

首席数据官也应保证公司所有数据可随时向所有部门提供（当然，除了敏感数据）。在整个公司中分享数据能让公司运作更高效，并推动创新。如果公司将数据和信息存储在仓库中，首席数据官要能够解决分散数据的问题。他还应分享内部最佳实践，防止经常出现重复劳动。

通常，营业部门和IT部门在谁应该拥有公司哪些数据的问题上不能达成一致。因此，首席数据官应拥有所有数据，因为他也对数据负有最终责任。最后，首席数据官应消除营业部门和IT部门之间的隔阂，因为大数据是营销和战略问题，也需要IT部门的支持，首席数据官要能够协调和代表不同的利益群体。

除了上述能力外，首席数据官的其他重要素质也不能忽视：

◎ 拥有出色的领导能力和与董事会沟通的能力。

◎ 拥有领导关键业务领域中重大信息管理程序的经验。

◎ 擅长或熟悉大数据解决方案，比如 Hadoop、MapReduce 和 / 或 HBase。

◎ 拥有实施数据管理和控制数据质量的经验。

◎ 熟悉市场上主流大数据解决方案和产品。

◎ 擅长创建和部署最佳实践和方法。

◎ 熟知如何管理和领导跨部门的大数据技术团队。

◎ 熟知如何建立和支持企业层面的大数据团队。

◎ 熟知如何为具有大量不确定因素的技术项目开发商业案例。

◎ 熟悉不同建模技术，比如预测建模。

最后，首席数据官应该有多种技术和业务背景知识。他不应该太过专业，因为这会导致过多的注意力放在数据而不是战略上。然而，如果首席数据官没有技术背景知识，就无法理解他的大数据团队成员，并与他们对话。这些能力之间的平衡有着重要意义，这样，首席数据官才能顺利跨越技术和政治障碍。

确立首席数据官的趋势正在不断增强，越来越多的企业将这一职位纳入了高管层。随着大数据的重要性越发凸显，企业应该这样做，才会推动创新，催生出以信息为中心的文化，并最终对企业收益产生积极影响。

大数据科学家

大数据科学家已被称为“21 世纪最诱人的职业”。未来，对优秀大数据科学家的需求量将会非常大，他们的收入也将非常丰厚。但是要做到优秀，大数据科学家需要具备多方面的技能，这些技能本来归属于多个部门，直到最近才融为一个部门。

他们需要熟悉统计、数学和预测建模技术，以及商业战略；也要具备建立必要的算法的能力，能够提出正确的问题并找到正确的答案。他们必须能够口头表达或用视觉形式传达他们的成果；同时也应该了解产品是如何开发出来的；更重要的是，由于大数据影响消费者的隐私，他们需要有道德责任感。

除了在大学学到的技能外，大数据科学家也应该具备以下个性特点：

◎ 有好奇心，喜爱深入研究材料，探寻未知问题的答案，也就是说，有一种潜入到问题之下的自然欲望。

◎ 善于思考，能提出正确的（业务）问题。

◎ 自信、稳当，因为他们多半要处理具有太多未知因素的情况。

◎ 有耐心，因为在海量数据集中发现未知答案将耗费大量时间，开发算法以发现新的见解往往要经过反复试验。

◎ 从完全不同的行业中发现案例，并能够使之适应当前的问题。例如，洛杉矶警察局使用一种专门设计的算法来预测哪里可能发生犯罪活动。

大数据科学家知道如何整合多个系统和数据集，他们需要连结和聚合各种数据集来发现新的见解。这往往要求他们能将不同形式、不同类型的数据集连接起来，并能够处理不完整的数据源以及清洗数据。

当然，大数据科学家也要会编程，最好是会多种程序语言，比如 Python、R、Java、Ruby、Clojure、Matlab、Pig 或 SQL。他们需要了解 Hadoop、Hive 和 / 或 MapReduce。此外，他们也要熟悉多个学科，比如：

◎ 自然语言处理：计算机和人类之间的交互

◎ 机器学习：使用计算机改进和开发算法

◎ 概念建模：能够分享和描述模型

◎ 统计分析：了解和突破模型中的可能限制

◎ 预测建模：能够预测事件的未来结果

◎ 假设检验：能够发展假设并用实验认真测试它们

大数据科学家的专业知识背景现在不是很重要了。优秀的大数据科学家要能够拥有不同领域的背景，包括经济计量学、物理学、生物统计学、计算机科学、应用数学和工程学。大多数时候，他们的教育背景为硕士，甚至博士。但是，要想获得成功，他们应该至少具备以下能力中的若干项：

◎ 出色的书面表达能力和口头沟通能力

◎ 在快节奏的多学科环境中工作的能力

◎ 查询数据库和执行统计分析的能力

◎ 开发数据库或为数据库编程的能力

◎ 向高管阐明自己的工作对公司的影响的能力

◎ 对企业战略如何运作至少有一个基本的认识

◎ 创建示例、原型和演示以帮助管理层更好地理解工作的能力

◎ 对设计和架构原则有透彻的理解

◎ 自主工作的能力

简而言之，大数据科学家需要做到近乎无所不知。根据所处行业的要求，他们还需要拥有更进一步的专业技能。比如，海运大数据科学家与历史大数据科学家的专业技能要求就不同。

当然，具备上述所有技术和能力的完美大数据科学家非常稀少，也许屈指可数。企业应该从这个清单中挑选出它们认为的大数据科学家应具备的最重要的条件以及这份工作的专门要求。

大数据分析师

如果大数据科学家是国王，那么大数据分析师就是仆从。大数据科学家需要具备广泛的技术和能力，才能组合和分析不同的数据源以及完成其他的工作。大数据分析师主要分析给定系统中的数据，帮助大数据科学家执行必要的工作。

大数据分析师需要具备特定的技术和能力。一般而言，分析师的下一步工作可能就是大数据科学家的下一步工作。分析师要能够向企业管理层提供对手中数

据的透彻分析。这包括数据挖掘技术（包括数据审核、聚合、验证和校正）、高级建模技术、测试，以及创建和以简明的报告解释结果的技能。

分析师要能够对实时分析和商业智能平台（如 Tableau Software）拥有较为全面的了解和一定的经验；要能够使用结构化查询语言等多种程序语言和统计软件包，比如 R、Java、Matlab 和 SPSS；也需要熟悉 Hadoop 和 MapReduce。分析师通过使用脚本语言，要能够从可用数据中发现新见解。

大数据分析师的测试技能特别重要。他应该能够基于不同的假设执行 A/B 测试，对不同的关键绩效指标产生直接或间接影响。为了执行这样的测试，以及制定高管层需要的报告，分析师要拥有一定的商业头脑，知道公司由什么因素驱动，战略由什么因素影响，以及公司可用数据如何推动战略取得成功。

大数据分析师所需的个性特点和大数据科学家很相似。他需要拥有钻研可用数据的好奇心，喜爱探索可能会发现新见解的模式。他也要足够自信和独立，能够使用非常巨大的数据集，以及提出有助于制定管理报告的问题。大数据分析师一般拥有学士学位，专业可以是数学、统计学、计算机科学，或企业管理、经济、金融。此外，大数据分析师至少应该具备以下能力中的若干项：

◎ 能够处理好人际关系，拥有口头和书面的沟通能力及表达能力
◎ 能够以直白的语言阐述复杂的成果和思想
◎ 能够与其他成员一起朝着共同的目标努力
◎ 能够基于数据分析迅速转变方向
◎ 喜爱发现和解决问题
◎ 能够主动阐明要求和方向，并承担责任
◎ 能够在紧张情况下工作，比如需要迅速从（新）数据集中得出见解

大数据分析师通过提供有价值的见解来支持企业和大数据科学家，因此，他们应该乐于与其他人合作，愿意学习更多东西。当然，对于每个公司，分析

师需要不同的专业技能，但是，上述技能是一个发现合适的大数据分析师的良好开端。

大数据可视化技术人员

使用大数据最重要的一个方面是将信息进行可视化处理，使之让（高级）管理层理解。可视化处理数据有助于管理者理解数据、发现新模式和新见解。一些大数据创业公司，如 Ayasdi 和 Synerscope，正在开发可视化处理数据的全新方法。它们采取了新的途径，摒弃了老式、缺乏见地的曲线图和饼图。你的公司如果能借助互动式视觉资料获得有价值的见解，就能在竞争中取得领先位置，而大数据可视化技术人员能为获得这些重要见解提供必要的帮助。

大数据可视化技术人员应该是富有创意的思想者，懂得用户界面设计以及其他可视化技术，比如版式、用户体验设计、视觉艺术设计。这些技术赋予了可视化技术人员一种能力——将抽象信息转化为具有吸引力且易理解的，能清楚阐明分析结果的可视化内容。

不过，这里有一个潜在的问题。因为大数据科学家最了解数据的结果和它所展示的案例，当他将结果转交给大数据可视化技术人员时，有可能会出现对结果的误解和偏颇的描述。因此，可视化技术人员需要了解大数据分析是如何完成的，他们需要具备必要的编程技术，真正建立准确的可视化。拥有计算机科学的背景知识能够帮助可视化技术人员更好地理解数据的含义。

大数据可视化人员要能够在使用源代码控制、测试框架以及敏捷开发实践上具备扎实的功底，从而创建令人信服的数据可视化；他也要能够在可视化如何运作的问题上引导管理层，并提出建议；还要能给出清晰易懂的案例，让企业决策者能够理解。

映射数据是将结构化数据和非结构化数据转变为图表的过程，其难度不小。

大数据可视化技术人员要能够使用元数据和参数指标，以及颜色、尺寸和位置，在图形中凸显、划分和设置一个层级。可视化要能够吸引用户来参与和互动。

大数据可视化技术人员要能够读取原始分析，甚至执行分析，以及设计、阐明和创建结果，所以下列技能也是需要的：

◎ 深入了解 JavaScript、HTML、CSS 和统计编程语言
◎ 熟悉新型可视化框架，比如 Gephi、Processing、R 和 / 或 d3js
◎ 拥有使用常见网络库的经验，比如 JQuery、LESS 和 Functional JavaScript
◎ 了解有效的人机互动
◎ 具备敏锐的分析能力和可靠的设计技术
◎ 对版式和它能够怎样影响可视化、对优秀布局的原则，以及对空间的合理利用有深刻认识
◎ 精通 Photoshop、Illustrator、InDesign 以及 Adobe Creative Suite 中的其他产品
◎ 出色的书面和口头沟通技巧，包括以直白的语言向没有数据经验的管理者说明工作的能力

最后，大数据可视化技术人员最重要的工作是从抽象的数据中发掘出令人信服的数据可视化内容，帮助决策者开展工作。当然，哪些技能是必需的，取决于需要完成的工作类型。但是，大数据可视化技术人员应该始终能够基于底层数据的特点，选择最佳的数据可视化技术，说明确定因素、模式和其他统计概念，来引导决策者。

大数据经理

无疑，大数据科学家、大数据分析师和大数据可视化技术人员组成的团队需要一位管理者。大数据经理就充当了技术团队和企业战略管理层的中间人，因此，他需要了解双方的想法。理想的情况是，大数据经理拥有 IT 背景和战略

经验。

大数据科学家和分析师擅长为企业开发必需的工具，但是他们通常不能有效地领导团队并处理从上到下的变化。因此，就需要有一名经理来领导这个团队。

大数据经理必须整合团队力量，奖励或者鼓励特定行为，以及确保团队朝着正确的方向前进。他必须在团队内部打造创新和创造力的文化，确保成员适应这个新领域可能出现的快速变化。此外，他还需要让团队把精力集中在需要完成的事情上，因为大数据科学家和分析师在建立重大算法时，容易分心和出现注意力不集中的情况。有时，这种分心可能会对企业有利，但是也可能会带来更大的危害。经理的任务就是将利和弊区分开来。

由于大数据主要是营销和战略的问题，所以大数据经理要能够向公司高管层解释团队成员所完成的工作。经理既要协调公司利益相关者的工作，也要确保手头的任务准时获得认可。由于大数据能影响公司的任何方面或部门，经理需要具备良好的人脉和优秀的沟通能力。经理也应该负责调整不同的数据要求，以及公司不同的数据源。

在公司中，新项目通常都需要计算预期投资回报。尽管这在一开始是困难的，但是大数据经理的工作就是开发商业案例，管理规划和预算，降低相关的风险，和确保充足的资源分配。团队成员不应参与项目管理。而且，经理应该有坚强的性格，能够在复制且飞速变化的环境中保持坚定的立场。

当然，大数据经理也应该具备以下核心管理技巧：

◎ 能够进行有效的沟通，并且能够理解、解读企业的战略和愿景，将它们和大数据团队联系起来
◎ 能够处理好与团队成员的人际关系，在企业内推动真正的大数据文化

◎ 能够灵活应对变化的环境，并向团队成员正确地解释变化

◎ 慢慢得到团队成员的信任，帮助他们在自己的角色中成长

大数据经理的另一项重要能力是要能与大数据科学家、分析师以及可视化技术人员协同工作。尤其是大数据科学家通常具有高学历，需要采取一种不同的管理方式。优秀的管理者能为所有团队成员提供最佳的工作环境，让他们摆脱所有复杂问题和行政工作，并确保项目顺利推进。由于经理管理的是技术项目，因此，他应该熟悉多种编程语言，包括 Python、R、Java、Ruby、Clojure、Matlab、Pig 和 SQL，并且至少对 Hadoop、Hive 和 MapReduce 有基本的了解。此外，大数据经理需要对以下学科有一定的了解：

◎ 自然语言处理

◎ 机器学习

◎ 概念建模

◎ 统计分析

◎ 预测建模

大数据经理的角色不简单，所以充足的管理经验也是必需的。如果这位经理缺乏经验，就会出现问题，因为手头的工作不仅复杂而且困难。

大数据工程师

大数据工程师负责实现大数据解决方案架构师的设计。他要对公司的大数据解决方案进行开发、维护、测试和评估。大多数时候，由于拥有基于 Hadoop 技术（比如 MapReduce、Hive MongoDB 和 Cassandra）的经验，他们也参与到解决方案的设计中来。大数据工程师建造大规模数据处理系统，是数据仓库解决方案的专家，也要能使用最新的数据库技术，比如 NoSQL。

大数据工程师要拥有面向对象的设计、编码和测试模式的经验，也要有开发（商用或开源）软件平台和大规模数据基础设施的经验。他们也要能建立高度可

扩展的分布式系统，使用不同开源工具，并拥有创建高性能算法的经验。

大数据工程师每天要处理上拍字节乃至艾字节的数据，还要知道如何应用技术解决大数据问题，并开发创新型解决方案。要做到这一点，他们需要掌握广博的知识，熟知不同程序或脚本语言，比如 Java、Linux、C++、PHP、Ruby、Python 和 R，也要熟知不同（NoSQL 或 RDBMS）数据库，比如 MongoDB 或 Redis。使用 Java 或 Python 建立基于 Hadoop 和 Hive 的数据处理系统应该是大数据工程师的基本技能。

大数据工程师通常要执行复杂的大数据项目，主要是收集、解析、管理、分析和可视化处理大型数据集，使用多平台将信息转化为见解。因此，他要能决定必需的硬件和软件的设计要求，为选定的解决方案开发原型和进行概念验证。

对这一职务的更多要求包括：

◎ 喜欢挑战和每天处理复杂的问题
◎ 拥有出色的口头和书面沟通能力
◎ 精通设计高效且稳健的 ETL[①] 开发流程
◎ 能够在云计算的环境中工作
◎ 拥有计算机科学或软件工程的学士或硕士学位
◎ 具有团队精神
◎ 能够帮助记录要求，以及消除冲突或歧义
◎ 能够调整 Hadoop 解决方案，提升性能和终端用户体验
◎ 拥有优秀的协调和项目管理能力，能够处理复杂的项目

大数据工程师是一项技术性工作，需要具备软件开发和编程等大量知

① 是指将数据从来源端经过提取（Extract）、转换（Transform）和加载（Load）至目的端的过程。——译者注

识。他应该充分掌握大数据解决方案的相关知识，能够在本地或云端实施解决方案。

大数据顾问

大数据顾问要能向企业提出有关大数据的任何方面的建议，包括如何制定和执行战略，以及哪些技术最符合企业的要求。因此，大数据顾问应该具备业务经验，并且掌握有关大数据工具的扎实的技术知识。

大数据顾问设计战略和程序，收集、分析和可视化处理来自特定项目的各个源的数据。他要能领导团队和项目，同时根据要求确保质量和准时交付。

此外，大数据顾问要能使用智能算法和最新的大数据技术准确分析数据集。他要能了解最新的大数据趋势、市场上可用的大数据技术，以及适合企业战略的大数据技术。了解公开数据的可能性也很重要。他要能评估数据集，确认可用数据的质量和正确性；还要能查询数据、执行分析，并以清晰易懂的语言介绍发现的成果。

大数据顾问要拥有充足的技术知识。他要会编程，最好是会使用不同编程/脚本语言，比如 Python、R、Java、Ruby、Clojure、Matlab、Pig 和 SQL，并了解 Hadoop、Hive、HBase、MongoDB 和 MapReduce。此外，他需要熟悉一些学科，比如文本挖掘、集群分析、推荐分析、异常值检测、预测分析和相似性搜索，以及不同的建模技术。大数据解决方案可以存储在本地或上传到云端，因此，大数据顾问也应该具备大型云计算基础架构解决方案的经验，比如亚马逊网络服务或 Elastic MapReduce。

大数据顾问要有团队精神，因为他需要与大数据科学家和大数据工程师交流，以借助实时分析进行数据处理，并为选定的解决方案开发必需的硬件和软件。

大数据顾问也需要和行政管理层进行有效的沟通，因为他在给公司提出建议时，往往要和行政管理层打交道。对于一位顾问来说，重要的是提出正确的问题来理解手头的问题，并给出合适的解决方案。

大数据顾问的目标是运用大数据技术来提高企业的绩效，因此，他需要将企业的问题转化为大数据解决方案，帮助（高层）管理者做出决策。除了技术专长外，大数据顾问也应该具备标准的战略咨询技能，包括：

◎ 拥有知名大学的硕士学位或同等学力

◎ 拥有出色的口头和书面沟通能力，以及人际交往能力

◎ 拥有商业头脑，并对解决复杂问题拥有天生的好奇心

◎ 喜欢在飞速变化和充满竞争的环境中工作

◎ 能承担多项工作和责任

◎ 能够在压力下工作，并在规定的期限内完成任务

◎ 既能够独立工作，也能够融入团队

◎ 能够向（高层）管理者提供简明的业务陈述

◎ 能够制订和评审项目计划，识别和处理问题，并向用户和管理者传达指定项目的状况

大数据顾问对企业有着重要的意义，他能够帮助企业理解大数据以及如何使用大数据。此外，大数据顾问能为已经拥有大数据解决方案的企业提供见解，从而改进业务效果。由于需要具备如此之多的技术和业务技能，所以，虽然这个角色任务艰巨，却非常受人尊敬。

中小型企业的大数据机会

我经常听人说，中小型企业无法加入大数据运动或者不能开发大数据战略，因为他们拥有的数据太少。然而 2012 年，SAP 公司的一项研究显示，接受采访

的中小型企业高管中，76% 将大数据看作一个机会。SAP 公司负责业务分析、数据库和技术的执行副总裁史蒂夫·卢卡斯（Steve Lucas）曾说：“每个公司都应该考虑大数据战略，无论大小。”即便企业拥有的数据较少，也可以开发大数据路线图，成为以信息为中心的企业。那么，对于中小型企业，今后的大数据机会是什么，应如何利用自己的“小数据”？

本书所说的“小数据”并不是 IBM 定义的小体量、批处理和结构化的数据。相反，小数据可以是任何形式的数据，结构化或非结构化、实时处理或批处理均可。小数据只表示数据量少，即数吉字节或上太字节，而达不到拍字节。

的确，一些中小型企业可能没有很多数据，但是，即便这样，它们也有供应商或经销商。如果这些公司开始合作和分享数据，它们的可用数据量就会成倍增长。我们也看到过这个过程曾发生在大型跨国公司身上，例如，耐克和同行分享它所有供应商的数据，这使得供应链中的其他公司可以补充和使用该数据库，借此做出更聪明的决策。

当中小型企业开始使用数据，并将自己的数据与供应商的数据相结合时，它们就会突然拥有充足的数据，这些数据可以经分析和可视化处理后，用于改进决策。它们也可以将已有的少量数据与公开数据集结合。开放权限的公开数据集现在已越来越多，同时，公共平台也在不断增多，这样，中小型企业就可以从这些平台上免费下载或花钱购买更多的数据集。将个人数据与公开数据结合起来，一方面能增加分析可用的数据量；另一方面可以获得全新的结果，比如发现新市场或目标群体。

中小型企业不应该只看到公司已经拥有和收集的数据，而应该乐于接受收集数据的新方式。在这个问题上，创意是关键，因为最终只要有传感器加入进来，任何产品都能转化为数据。传感器的成本正日渐降低，在已有产品上安装传感器可以传递全新的数据集，从而获得意料之外的见解。

大数据不仅体现在大体量、高速度上，也体现在多样性上。大数据强大之处就在于能够将非结构化和结构化的数据集结合，获得新的见解。非结构化数据有许多来源，包括社交数据、视觉资料、文档、电子邮件，乃至语音数据。将多个较小的数据集结合与将大型数据集结合相比，它们产生的见解是一样的。因此，数吉字节产生的见解对中小型企业的作用，与数拍字节或艾字节数据产生的见解对大型跨国公司的作用相当。

Real Business 的杰米·特纳（Jamie Turner）曾说："由于资源有限……灵活性和敏捷性对于中小型企业极为重要。"的确，它们必须找到与它们可用资源相配的解决方案。这些企业可以使用由较小的也更为灵活的大数据创业公司创建的基于云端的解决方案，而不必选择 IBM、赛仕或惠普开发的完整大数据解决方案。此外，它们可以使用开源工具自行创建大数据解决方案。尽管后者仍然需要专业人员，但是成本已有下降。第 4 章中提到过，开源工具是免费的（当然不提供任何服务），商用硬件也逐渐变得便宜起来。

无疑，大数据适用的不仅仅是大型企业，中小型企业也有很多机会，能从它们已有的数据或新数据集中获得有价值的见解。实际上，中小型企业确实需要多一点创新来解决大数据难题。它们必须跳出思维定式，发现企业内部和外部的数据机会。不过说到底，如果大型企业想充分利用大数据，这一点同样适用。

所以，通过将不同数据格式的各个数据集巧妙结合起来，小数据也能成为大数据。例如，将天气数据与你的餐馆销售数据结合，就会发现下雨对销售的影响，从而调整你的采购。将你的顾客数据与他们的在线情绪相结合，就能给他们制造惊喜，打造长久的关系。跟踪你的顾客在店中的行为，将它与销售数据结合起来，就能调整和改善你的店面布局。或者，将线上销售数据与线下顾客资料相结合，看看如何为你的小型零售商店优化多渠道途径。机会是无尽的，小数据也能提供大见解。

管理大数据

企业将大量数据视为资产，伴随而来的就是要确保数据准确和分析准确。因此，大数据管理应该是企业战略的重要方面。企业的数据管理机构既要能处理大体量、多种类型的数据，也要能检查和控制这些数据的正确性。这需要各种各样的智能算法，它们能在转瞬间完成令人惊异的分析，得出预测和可视化，用以确定企业的路线。这些预测和可视化也会影响到许多利益相关者。

企业收集、存储和分析的数据必须要 100% 正确，这一点是至关重要的。以信息为中心的企业基于算法做出决策，所以算法及其（预测）分析是否准确至关重要。但是，谁能够检查和控制数千拍字节数据或各种不断完善且极其复杂的算法呢？我们如何确保消费者数据的安全、私密以及不受侵犯呢？我们如何保证预测是基于正确的变量做出的呢？我们如何知道真的就是真的，而不是假的呢？

大数据时代将需要一种新型管理，包括审计和控制、监察和制衡，也许还要有企业的质量标志。让大数据经过国际标准化组织的认证？这可能会使全球大数据行业衍生出一个全新的领域。企业将大数据纳入资产负债表后，审计和监管机构就会密切关注企业存储、收集、分析和可视化处理数据的情况，因为它既可以成就一个企业，也可以毁灭一个企业。

数据

确保收集和存储的数据准确可靠这一责任要从用户开始。用户使用各种应用程序提供数据，之后企业收集、存储和分析数据。企业必须确保用户知道哪些数据被收集了，什么时候收集的，以及做什么用途。他们应该告知用户数据的第一用途，并等到明确后，再公布数据的次要用途。这一行为应该通过清晰易懂的隐私政策、条款和条件来完成。当数据的用途发生变化时，也应该通过邮件让用户及时了解。把这些文档弄得让人难以理解，或者经常更改它们，并不符合企业充分利用大数据的目的。因此，企业应该让用户能够随意调整隐私设置，以及随时删除或编辑自己的数据。应该禁止企业将责任推向用户。

如何使用数据只是数据管理的一个方面，另一方面是企业以及政府应该竭尽全力确保它们收集的数据准确。如果操作不当，就会造成大问题。2004 年，美国参议员爱德华·肯尼迪（Edward Kennedy）因为恐怖分子监视名单上出现了与其相似的名字，而多次被机场拒绝登记。大多数时候，用户并不知道企业收集了自己的哪些信息，而更重要的是，他们有时无法访问自己的数据。因此，用户发现自己的数据不正确或可能被误解时，应该能够更改数据。这条原则被纳入了美国《公平信用报告法》（*Fair Credit Reporting Act*），它要求信用报告机构要为消费者提供访问报告的权限，从而能够将不准确的信息更正过来。但是，它针对的只是信用报告机构，而且这项法规 1970 年就获得通过了，之后过了很长时间，其他行业才开始收集大量数据。所以，现在大众并不知道哪些实体在收集数据，收集了哪些数据，以及它们会用数据做什么。当然，让消费者能够更改不正确的数据，就应该设置多项安全措施，避免被犯罪分子利用。

企业收集和存储数据，应该采取必要的安全措施，确保数据存储安全，不被犯罪分子盗取。正如银行会竭尽全力保护消费者个人和公司寄存的钱，而当银行遭受抢劫时，就会对消费者个人和公司做出赔偿一样，企业也应该保护它们收集的数据，并在数据失窃时，赔偿用户的损失。

算法

算法执行分析的能力让人惊艳，它能够将巨量原始数据转化为信息。第一步是确保算法所使用的数据是正确的，第二步是确保算法本身是正确的。企业管理者和消费者如何知道算法是在正常工作？如何知道是真是假呢？如果企业基于不正确的算法做出重大业务决策，就会对企业和消费者产生严重后果。消费者要申请贷款，就必须信任那些使用算法正确测定自己风险状况的企业，这样就会不至于因为数据不准确，而被拒或花费更多成本。

大数据技术供应商开发的算法应该要获得质量认证标志，确认算法正常工作，符合设计目的。如果企业使用经过质量认证的大数据技术供应商开发的算法，就能赢得大数据监管部门更多的信任，并更有可能获得积极评价。

自行开发算法的企业也应该将算法送检，确认符合当地法规。因此，《大数据时代》《*Big Data*》[①]一书的作者维克托·迈尔-舍恩伯格（Vikter Mayer-Schönberger）和肯尼思·库克耶（Kenneth Cukier）曾预测，未来会出现“算法师”，他能够并且被允许检查企业创建的所有算法。这些算法师通晓可用的各种大数据技术，每种技术专攻不同的部分，从而能够读取和评价算法。由于算法是企业的私有信息，这些算法师应该签署保密协议，一如传统的会计。

对于算法送检通过的企业，用户会对它们更有信心，因为他们知道，他们的数据得到了正确的分析。

数据审计师

数据审计师可以是内部人员或外聘人员，负责：

◎ 确保数据正确并受到安全保护

◎ 确保对数据执行分析的算法是正确的

◎ 确保企业遵守道德准则

数据审计师能够执行各个层次的审查。处理高度私密的个人信息（比如健康记录或财务数据）的企业应该要受到最严格的审查；而将数据用于移动应用程序的企业，则适用较宽松的审查。各个国家的这些评估机制或法规会有所不同，但是最后应该形成一套类似于国际财务报告准则（International

① 此书中文简体字版已由湛庐文化策划、浙江人民出版社出版。——编者注

Financial Reporting Standards，简称 IFRS）或公认会计原则（Generally Accepted Accounting Principle，简称 GAAP）这样的全球性数据管理标准。

THINK BIGGER 本章小结

大数据将改变企业的组织和管理方式。它将影响企业的所有部门——从处理企业核心业务的部门，比如运营或制造，到辅助部门，比如人力资源。

未来几年，企业面对的挑战将是如何转变为以信息为中心的企业，基于实时收集的大量数据做出决策。尽管目前充分利用大数据的企业不是很多，但是这在未来将会发生改变。最终，不论任何行业、任何企业（包括中小型企业）都将能够充分利用大数据带来的好处。

通向以信息为中心的企业的路途漫长而又艰难，但是很值得追求。研究显示，成功实施大数据战略的企业的绩效超出竞争对手 20%。企业最终应该要确定数据的回报，将数据作为一项资产纳入资产负债表。因此，数据审计师要让企业负担起责任，确保企业收集和保存的数据是正确且安全的，保证按照预期使用和执行算法。

为了开发和实施大数据战略，企业需要招募具备不同能力的多种新型员工。最重要的是大数据科学家，他能够开发工具，为企业提供必要的见解，增加企业收益。

最终，大数据路线图将有助于开发和实施对企业、消费者和社会都有利的大数据战略。大数据非常重要，它拥有诸多好处，影响深远，不容忽视。

企业将会发现大数据的许多不同用途，包括对所有顾客的全面了解。第 6 章将更深入地探究大数据在不同行业的业务用例。

大数据落地的18个行业

06

THINK BIGGER

【大数据实践】

约翰迪尔公司，新农业，新未来
赫兹国际租车公司，大数据在驾驶座里
苹果公司，在大数据海洋里遨游
普渡大学，课程信号系统让成绩斐然
摩根士丹利，让数据成为最重要的资产之一
星佳，一家伪装成游戏公司的分析公司
奥罗拉医疗保健系统，节省42%的治疗费用
Juristat，数据让我们在大海里捞到对的那根针
福特，依靠大数据驶往正确的方向
时代华纳有线公司，使用大数据提升观众体验
壳牌公司，使用大数据钻得更深
奥巴马，利用大数据赢得选举
沃尔玛，让大数据成为自己的基因
T-Mobile美国公司，一个季度内降低50%的客户流失率
US Xpress，使用大数据来提高效率
凯撒娱乐，大数据比博彩牌照更重要

现在我们应该清楚了，大数据已经影响到各行各业的任一企业了。接下来，就让我们更进一步探讨 18 个重要的行业，以及大数据能为它们做什么。这些案例将会让你对大数据带来的可能性有更深刻的了解，同时也会提供一些打破常规思维的商业用例供你的企业借鉴。

农　业

在过去的 100 年里，农业见证了许多变化。如今，我们已经进入了数字增强农业的时代，从播种到收割的一切行为都能产生可用于分析的数据。大数据现在已经改变了农业，但在未来 10 年，它对全世界农业的影响将会日趋明显。

大数据带来的机遇对农业的以下 3 个方面的影响是最大的：

◎ 机械：提高了效率，降低了运营成本

◎ 作物和牲畜：提高了生产力和生产效率

◎ 天气和定价：让天气因素的影响变小，优化了定价

机械

在本书第 3 章我们讨论了物联网，它将极大地改变农业机械，包括拖拉机、土壤栽培设备、农用喷雾器、收割机和挤奶机。这些农业机械配备传感器之后，能够全天候地给农户提供很多信息，即使农户不在场也可以。这些智能机器会相

互“交流”，能够预见问题，并在实际损害发生之前采取相应的行动。当出现实实在在的问题时，农户可以马上看到问题的所在。如果问题比较严重，维修服务人员会在设备出现故障之前，出现在农户的身边，从而最大限度地减少机器的停机时间。此外，有效利用的传感器可以通过简化许多农业流程，提高生产率。

除了预测故障并提供维护，传感器还可以帮助农户节省燃料费用。例如，当农户在地里干活时，计算机可以帮助其确定什么时间在什么位置开垦最合适，这些信息对于拥有大片农田的农户来说尤其有用。当这些信息与 M2M 通信结合起来，就可以帮助农户管理日益增加的农业机械。因为机器间可以相互沟通，它们就会知道彼此的位置，并据此做出适当调整。随着农业机械成为智能机器，不但只需一个人就能管理所有的机械设备，还能节约时间和金钱。此外，农户能够实时诊断机械的状况，以确保机械是以最优化的设置在运行，从而能够实现最大的生产效率。农户还能够对这些智能机器收集到的所有数据进行分析，因此他们能够知道机械的运行情况，并清楚如何进一步优化这些机械的运作。

作物和牲畜

虽然光学、机械、电磁和辐射传感器已使用了将近十年之久，但直到有了大数据技术，精细农业才真正受到关注。精细农业意味着识别、理解、利用土壤和作物中各种变量的相关量化信息。

当地面传感器与智能灌溉系统相结合，农户便可以优化生产力。灌溉系统能够精确地知道哪种作物需要哪种养分，什么时候需要，以及需要多少。这意味着灌溉系统能为这些作物提供适量的肥料，这样既节约了资金，又提高了产量。为了了解土壤条件，更好地提高产量，传感器被植入土壤内，用以更好地分析土壤条件。通过告诉农户什么时候把哪种作物种植在哪儿，以及什么时候是最佳耕种和收割时间，算法将能够极大地提高农作物的产量。

除了能提高作物产量，农场的牲畜也将受益于大数据技术。牲口棚里的传感器能够通过评估牲畜的实时状态来调整喂养量，因此，牲畜将会在正确的时间吃到适量的所需食物。牲畜身上的传感器会监测它们的健康状况，然后患病牲畜的食物中会被自动添加上药物。牲口棚里的空调也可以自动调整温度。例如，当牲畜感到紧张时，传感器就会提醒农户采取措施，以缓解它们的紧张情绪。特制的颈圈也将帮助农户在广袤的牧场上通过智能手机跟踪畜群。这一切听起来可能有点牵强或匪夷所思，但如果操作得当，大数据将让农户受益匪浅。

天气和定价

天气状况会严重影响到产量。尽管局部天气状况很难预测，但是正确的算法可以基于即将到来的（极端）天气，提前告知农户恰当的收割或耕种时间，如此便可以极大地提高产量。

将这些数据与实时市场信息结合起来，农户就可以更好地控制价格的波动。农业市场上的价格波动是很大的。出售作物时，投机会造成利润的增加或减少，而通过预测分析，每一个特定位置的某种特定作物的价格就可以提前知晓。这可以帮助农户在正确的时间和正确的地点，以正确的价格及时出售正确的农产品。

大数据颠覆了传统农业。对农户来说，虽然运用大数据技术可能会涉及巨大的投资，但是由此带来的潜在回报也是极大的。

约翰迪尔公司，新农业，新未来

约翰迪尔公司正在通过使用大数据迈向未来农业。2012 年，约翰迪尔公司发布了多款把公司和农场主、运营商、经销商、农业顾问及其他机器连接起来的产品，以帮助农户提高生产力和生产效率。

约翰迪尔公司在出售给农户的机械上安装了传感器，以帮助农户管理机械，减少机械的停机时间，并节省燃料。来自传感器的信息结合了关于天气预测、土壤条件、作物特点以及其他数据集的历史和实时数据，然后，约翰迪尔公司会对这些数据进行分析，农户可以在 MyJohnDeere.com 平台上看到传感器收集的信息和分析结果，或者在 iPad 和 iPhone 上使用一个名为“移动农场管理器”（Mobile Farm Manager）的应用程序查看这些信息和分析。这将帮助农户弄清楚哪些作物适合在何时何地种植、耕作，以及将作物种在哪里可以获得最大的收成，甚至是耕作的时候应该采取什么路线。所有这一切都将带来更高的产量，从而增加农户的收入。

虽然约翰迪尔公司声称，它使用的数据集还远没有沃尔玛和亚马逊多，但是该公司正在收集和处理大量数据，以切实革新农业产业。为了处理所有这些数据，约翰迪尔公司采用了开源编程语言 R，通过编程来预告需求，预测作物产量，确定土地面积和土地使用方法，以及预见联合收割机需要的（备用）零件。员工首先使用开放数据库互连（Open Database Connectivity）导入多个数据源和数据类型，然后使用开源编程语言 R 导出这些数据到不同的渠道。

其中一个渠道是 2011 年 3 月正式推出的 FarmSight，旨在帮助农户从以下三个方面提高生产力：

- ◎ 机器优化可以监控机器的产能，并设法找出提高机器效率的方法。它在过滤器的更换以及其他机器维修问题上采用积极诊断的方法，帮助减少机器的停机时间，维持机器的正常运行。
- ◎ 农业物流数据可以帮助农户管理不断扩大的农场和不断增加的机械，其目的是改善 M2M 的通信。
- ◎ 决策支持可以帮助农户做出更好的决策，以此避免失误，提高生产效率。

第二个渠道是 MyJohnDeere.com 平台，它是一个入口，用户可以通过它管理自己的农业机械，查看天气预报，访问任何应用程序（包括第三方设备上的第三方应用程序），以及查看与他们的耕种相关的财务信息。因为用户可以远程访问这个平台，所以访问者能远程查看相关情况。

第三个渠道是 FarmSight 移动农场管理器，它能为农户提供劳作所需的全部信息。该应用程序能为农户提供有关田地的历史和实时信息，并为农户评估土壤样本，而且农户能在田地里直接使用这个应用，与农业领域值得信赖的顾问进行远程、实时信息共享。农户甚至可以在他们的 iPad 或 iPhone 上使用这个应用程序查看过去任何一年的经营情况和相关报告。

约翰迪尔公司还有很多利用大数据来改进技术的相关计划，它希望尽可能有效地帮助农户规划、运营和分析他们的整个耕作过程。

汽车业

任何一个行业，如果它的产品生产涉及许多不同活动部件的使用，那么，传感器就能用来改善该行业。因此，汽车行业自然也是可以使用传感器来改善的。传感器可用于汽车、摩托车和卡车上。通过与通腾这样的卫星导航系统收集到的信息，以及交通状况相关的信息相结合，汽车正变得越来越智能。不久以后，它们将能够实现自动驾驶。

传感器的使用带来了很多可能性。有了传感器，汽车就能够实时标记异常情况，并在性能问题出现之前积极采取补救措施。同时，汽车会告知车主即将出现的问题，甚至能帮车主预约最近的汽车维修厂，并将之添加到车主的日程安排中。

车载传感器还为厂商提供有关汽车使用方式的信息，例如，驾驶员的驾驶和刹车速度以及汽车的响应情况。对汽车性能的不间断监控能够帮助制造商快速识别需要改进的地方，并做出相应调整。如此一来，新车上市所需的时间将会大幅缩减。

谷歌的无人驾驶汽车已经是一个真正的数据创造者。通过传感器，汽车能在没有驾驶员的情况下进行操作，而且它每秒钟会产生近 1 千兆字节的数据。然后，基于对这些数据的分析，无人驾驶汽车可以决定合适的驾驶路径和驾驶速度。甚至一个烟头被扔在地上，无人驾驶汽车都可以探测到，它还可以预测到什么时候可能会有行人突然出现在路面上。如此一来，我们大可试想一下，每年将有多少数据会被创造出来。平均而言，美国人每年开车 600 小时——这相当于每年每车会产生约 2 拍字节的数据。随着全球汽车保有量超过近 10 亿台，当谷歌的无人驾驶汽车在大街上随处可见时，它们会创造出简直无法想象的数据量。

改善供应链

通过使用公共数据以及 CRM 数据库中的数据，汽车厂商就可以预测到哪些汽车将在什么时间、什么地点被订购。如果传感器能够告诉厂商汽车可能出现故障的时间、地点和需要更换的零部件，它们就能更好地预测其零部件的库存情况。这将有助于减少库存，为厂商和经销商优化供应链，并提高客户满意度。

经销商也可以使用上文中提到的数据，加上来自博客空间和社交网络的信息，来监测并提升客户的满意度。当出现让客户不满的情况时，经销商可以及时采取行动，避免投诉和可能出现的危机，从而能节约成本，并让客户满意。

改善用户体验

来自多个数据源的数据可用于了解和监测驾驶行为，然后，由这些数据得出的（实时）见解可以用于（重新）研制汽车，以实现汽车优化和改善驾驶体验。座椅内部的传感器可用于监测驾驶员的驾驶行为，包括他收听哪个无线电台，还有空调的使用等信息——这些数据可以用于构建一个驾驶员的个人档案，当该驾驶员“注册”或“登录”一辆（新）车时，他的个人档案就会自动加载到这台车上。

根据当时驾驶的具体情形，安装在仪表盘或驾驶员智能手机上的应用程序会直接提出改善驾驶员的驾驶表现的建议。

所有这些数据与社会公开数据相结合，比如地理位置、住房和其他人口特征，可以绘制出一幅全方位的客户视图，从而更好地理解客户。

省钱

当汽车实现了互联并连接到互联网时，它们就可以互相对话。汽车可以“看到”行驶在道路上的其他车辆，如有避让等需要，就能采取相应措施。汽车知道何时会堵车，且能够提供一条不同的路线，并能优化路线，以防止发生事故，并能节省燃料。

这些传感器还能追踪汽车被盗的时间和地点，并轻松地对汽车进行定位。当驾驶员的驾驶模式发生了出乎意料的改变时，算法还可以通知警方检查是否存在汽车被盗的可能。

汽车行业使用大数据技术后大受裨益。这些好处包括驾驶行为得到改善、汽车性能得到提升、事故得以减少，以及客户满意度得以提升。汽车正在成为信息驱动的机器，因此我们也就不难理解，为什么通用汽车公司会雇请一万名 IT 工作人员来创建一个完全以信息为中心的企业。

赫兹国际租车公司，大数据在驾驶座里

你每天会如何记录分布在 146 个国家共 8 300 多个地区的数以万计的客户接触点的情况呢？

过去，赫兹公司（Hertz）常通过当地的报纸进行调查，并人工记录客户满意度。为了完成这项工作，每次都需要花费数周的时间来进行数据分析，因为公司每天都会收集到数以千计的调查表，包括通过网站、电子邮件和其他信息渠道发布的评论。然而，所有这些宝贵的客户意见并不能得到充分使用，因为客户经理需要对其进行人工处理，而这是一个劳动密集型的任务，因此，常常会出现行动不及时的情况，造成客户流失。

自从实施了大数据战略之后，赫兹将所有的客户接触点转变成了特定的时刻。它能够通过收集到的来自世界各地的即时反馈，立即采取相应措施改善服务，从而留住客户。

为了真正开始使用有价值的知识，赫兹引入了 jShare 平台和传立媒体（Mindshare）来操控整个过程。该计划是为了加强客户数据的收集，并让赫兹能够对获取的非结构化数据进行各种类型的实时分析。有了这个新的软件，赫兹现在可以基于实时的净推荐值（Net Promoter Score），在运营过程中进行实时调整，以提高客户满意度。特别是，赫兹使用了传立媒体的基于情绪的标记解决方案，来了解分布在全球 8 300 个不同地区的客户对公司产品和服务的实时看法。

此外，赫兹开发了一款名为“客户之声”（Voice of the Customer）的程序。该分析系统会自动捕获实时的客户体验信息，并将这些信息转化为具备可操作价值的见解。系统会对通过电子邮件或网络收集到的评论进行自动归类，并对提到“1 号金卡俱乐部”（#1 Club Gold）或要求回电的客户进行标记。

在竞争激烈的汽车租赁市场，能够了解客户的反馈意见，并实时做出回应的公司，就具备了竞争优势。有了这个系统，赫兹就能在有大量数据显示某个地点的服务比较糟糕的时候，即时采取措施。例如，赫兹在美国费城的点显示了一天中的某个特定时刻经常会发生延迟还车的情况，一旦掌握了这个信息，公司就会立即介入调查，并解决问题。

通过对自己庞大的数据集应用先进的分析解决方案，赫兹大大缩短了信息处理的时间，这帮助它提升了全球所有服务终端的客户服务水平。

消费品业

未来几年，消费品行业将会完全适应有着海量数据的大数据时代。数百万企业将会创造出数十亿份全方位的客户资料，除此以外，如果所有的消费品都连接到物联网的话，该行业还可能创造出更多的数据。

提升客户满意度

对于消费品企业而言，知道哪些人是客户至关重要。大数据能够帮助这些企业创建全方位的客户视图。通过结合社交网络（如 Facebook、Twitter、Tumblr、Instagram、LinkedIn 等）、博客空间、（网上）调查、网络点击行为，还有销售、产品传感器，以及公开和开放数据的信息，企业就可以进行详细的个人和市场细分，以更好地找到客户，提高转化率，并提高销售业绩。重要的是，要及时捕捉到那些揭示了消费者随时在看什么、做什么、想什么和分享什么的信号。这将有助于推进客户关系，且当客户与企业建立联系时，企业会知道这个客户是谁。如此一来，客户服务会得到改善，而客户满意度也会得到提升。

此外，企业需要让消费者觉得，它们愿意聆听消费者遇到的问题或持有的意见。绝大多数时候，消费者遇到的问题和持有的意见都不会通过邮件或者呼叫中心直接反馈给企业，而是发表在他们的博客日志或者社交网络上。通过使用大数据工具，企业就可以识别这些问题和意见，并及时作出回应。

更快且更好地创新

开发一个新产品或升级一个现有的产品通常需要花费大量的时间，因为需要对市场进行调研，了解客户的真正需求，并测试各种可能性——而这些都是非常重要的。有了大数据，这些信息就可以全天候 24 小时实时获取，从客户第一次使用产品开始，企业就能获得产品相关的见解。来自传感器的客户反馈信息与对公开数据流的分析，将能使企业轻松地发现错误，并识别客户对新一代产品的要求。

客户与企业的互动也为企业提供了宝贵的反馈信息，企业可以使用这些反馈信息来加强创新和产品研发。不管这些反馈信息是通过网站还是呼叫中心（呼叫中心记录的每次谈话的语音信息都可以转变成文字，然后进行数据挖掘并找出颇具价值的信息）得到的，它都可以变成用于产品改进的市场信息。这些宝贵的信息包括消费者对企业品牌及产品的感受如何，以及消费者看重的是什么。如此一来，企业对昂贵的市场调查的需求就减少了，同时显著缩短了推出新产品或升级版产品所需的时间。

此外，原型设计也可以通过虚拟手段完成。企业可以在数小时，甚至是几分钟之内，就能测试一个产品的成千上万个方案，并针对最大目标群体提取出最佳方案，因此产品上市所需的时间将进一步缩短。

当然，在竞争非常激烈的市场中，了解竞争的是什么或将要竞争的是什么，这也是非常重要的。如果一个竞争对手推出了一个新的产品，实时了解市场对这个产品的反应是很重要的。市场情绪如何？客户抱怨的是什么？消费者希望在未来的升级产品上看到什么样的变化？价格是多少？如何在竞争中应对价格波动？所有这些信息都可用于改善产品，以更好地应对当下的竞争。

优化销售和供应链

所有经销商的销售终端数据所提供的实时见解，将会为消费品制造商提供非常有价值的见解。尤其是，制造商可以随时了解产品在全球任何地方的销量。算法能够自动检测异常情况，并在需要采取行动时告知总部。算法还能实时评估价格波动造成的影响和营销活动带来的影响，如果出现结果不如预期的情况，它将会为营销团队提供及时调整的机会。

制造商还可以使用不同的销售数据，如销售终端分析、新闻报道、市场信息、竞争对手评估和天气条件等，来预测某个产品的预期需求。这些都可以提供有价值的见解。通过使用预测算法，库存可以基于实时的需求预测，被优化为适时制

（Just-in-time）库存。与零售商的合作将有助于在存储级别调整需求，以提供更好的客户体验，如此一来，零售商将会对这样的合作拍手叫好。

对经营过程中使用的所有设备进行持续监测，能够改善经营效率。将传感器加入生产过程中使用的设备里，能让企业更好地了解机器的使用状况，以及可以在哪些地方发力，以提高效率。

此外，通过使用大数据分析，企业可以预测未来的价格波动，并相应地调整采购计划。通过跟踪全世界能够影响价格的重要参数，也可以预测价格波动。把这些数据集结合起来，预测性分析就可以预测价格波动、市场需求或短缺。

让知识透明化

消费品企业往往是大型（国际化）企业。在这样的大型企业里，员工大部分时间都难以弄清该向谁询问正确的信息。在这种情况下，算法大有用武之地，它可以让一个企业内的所有人都能访问和搜索企业内的资料。企业内关键的影响力人物和特定领域的专家就可以很容易地被识别出。这将极大地提高企业的效率，并能降低成本。同一企业内的不同部门不应该从事不必要的重复劳动。随着所有资料被编入索引，员工可以在整个企业内简单地进行搜索查询，并找到最准确的信息或应该去询问的同事。企业生产的消费品应该拥抱大数据，因为这样会带来众多好处，大型跨国消费品企业尤其如此。

苹果公司，在大数据海洋里遨游

苹果公司处理大数据没什么奇怪的，但它是如何处理的，其细节并不为人所熟知。然而，在苹果的应用程序商店，超过 600 亿的应用程序被下载，苹果简直是在大数据的海洋里遨游，这些应用程序催生的数据能够并将被分析，以提供新的见解。

虽然相比其他公司，如谷歌，苹果会更加神秘一些——谷歌更愿意与世人分享它的一些大数据创新，但苹果确实使用了一些大数据技术，如 Hadoop 或大型数据仓库。正如市场调研机构 Wikibon 的主要研究员杰夫·凯利（Jeff Kelley）所说的，大数据的一个用途就是要了解自己的应用程序在 iPhone、ipad 或 MacBook 上的使用情况。利用收集到的数据，苹果就可以在自己的应用程序中相对轻松地测试新功能，并进行 A/B 测试，以改善用户体验。苹果会使用数据来了解人们是如何运用其应用程序的。例如，如果是一个游戏应用，相关数据就可以用来了解该游戏哪里存在瓶颈，或哪一关难过。然后，该数据将被用来改善用户的游戏体验。此外，用户提供的反馈和评论也会被用来改善苹果应用商城中的应用程序。

为了存储所有这些数据，苹果使用了天睿公司（Teradata）的设备，而且它现在正运用着一个多拍字节级的天睿系统，该系统主要是由 2011 年正式发布的 iCloud 推动使用的。

虽然苹果公司正在加紧为大数据时代做准备，但这并不意味着一切已经准备就绪。2012 年，《福布斯》杂志的一篇文章报道，苹果未能进入手机地图应用市场的可能原因之一是它在追赶大数据时的挣扎。因为谷歌已经在 2005 年开放了它的绘图功能，苹果必须在更短的时间内赶上谷歌的脚步，但结果证明，留给苹果的时间太短，它无法开发出一款成功的产品。

很明显，苹果处理着大量数据。它推出的每一个产品都在不断地向苹果数据仓库回馈信息。试想一下，通过 Siri 产生和存储的数据量，再加上通过 iTunes、iTunes Match、iCloud 以及其他所有软件和硬件产生和存储的数据量——尽管这无疑是一个巨大的体量，但也没什么好让人吃惊或奇怪的。

显然，苹果已经在大数据应用上努力了一段时间，不过，人们很难准确地了解苹果为此做了多少事情，以及它是如何做的。苹果是否会通过新的设备如 iWatch 来重塑大数据，这有待观察。但有一件事是肯定的——苹果使用了许多大数据技术来产生并收集海量的数据，然后在产品或服务的研发中应用这些数据分析的结果，以此来改善用户体验。

教　育

有了新技术，中小学、学院和大学就能够分析与学生、教师和员工相关的几乎一切情况——从学生的行为、考试结果、职业发展到基于社会变迁的教育需求。大量这种数据已经被收集，并被美国国家教育统计中心（National Center for Educational Statistics）这样的政府机构用于统计分析。越来越多的在线课程和大型开放式网络课程（Massive Open Online Courses，简称 MOOC）的出现，让这些数据都被赋予了全新的含义。大数据让教育出现了令人非常振奋的变化，这将彻底改变学生的学习方式和教师的任教方式。为了推动这一趋势的发展，美国教育部与众多其他机构共同发起了一项预计投入 2 亿美元的计划，开始在各自的职能部门里实施大数据分析。

提高学生成绩

在教育系统内，大数据的总体目标应该是培养出优秀的学生，而优秀的学生将有利于社会、政府、企业以及教育机构本身的发展。目前，完成作业的能力和考试分数是衡量学生成绩的唯一标准，但是，每个人在学生阶段，都创造了一条独属个人的数据痕迹。这个痕迹可被实时分析，用于为学生提供最佳的学习环境，以及更好地了解学生的个人行为。

现在，对学生的所有行为进行监测已经可以实现。他们回答一个问题需要多久？他们使用的是什么资源？他们跳过了哪些问题？他们做了多少研究？他们给出的答案与问题之间存在什么关系？哪些提示对哪些学生最有效？算法能够立即并自动核查学生针对问题给出的答案（也许除了作文），并为学生提供即时的反馈。

此外，大数据可以创造更富成效的学生群体。学生虽然常常以团队的形式合作，却无法做到成员间的取长补短。通过使用算法，每个学生的长处和短处就可以显现出来，因此就能创建更强大的合作团体，让学生的学习成绩能够突飞猛进。

创建大规模的定制化程序

这些数据将有助于为每个学生量身打造个性化的程序，即使是在动辄数万学生的学院或大学。这些程序将使用结合了线上和线下课程的混合式学习来创建，也就是说，学生既拥有被教授（线下）指导的机会，同时还能在线上打造自己的个性化程序，上自己感兴趣的课程，并按照自己的节奏学习。对于已经在全世界范围内得到了发展的 MOOC 课程来说，这种情况已经不足为奇了。例如，当吴恩达（Andrew Ng）在斯坦福大学教授机器学习课程时，差不多仅有 400 名学生参与了这门课程的学习，而 2011 年，当他把这门课作为一门 MOOC 搬上在线教育平台 Coursera 时，这门课吸引了 10 万名学生参加，并由此产生了大量数据。如果让吴恩达在线下教授同样多的学生的话，需要花费 250 年才能实现。要同时满足 10 万名学生的需求，也需要有合适的工具来处理、存储、分析和可视化整个课程中涉及的所有数据。此刻，这些 MOOC 课程仍在大规模地生成，但是未来，它们将能够实现被大规模定制。

这么多学生同时参加一门 MOOC 课程，大学在评定奖学金的时候，就有机会发现来自世界各地的最优秀的学生——这将有助于提高一所大学的整体排名。

实时改善学习体验

当学生开始在他们定制的混合式学习程序中独立学习时，他们可以进行自我教学，并自定义他们的课程。同时，教授可以实时监控学生的行为，并为学生选择更有趣且更深入的讨论主题，学生也因此有机会更深入地了解正在学习的学科。

对学生的学习行为进行实时监控，将有助于基于由此得来的数据来改善数字教科书和课程大纲。算法可以监控学生阅读课文的方式，以发现其中让学生觉得困难、容易和模棱两可的部分。学生阅读一篇课文的频率和时长分别是多少，学生就一个特定主题问了多少问题，学生在阅读过程中为获取更多相关信息来帮助理解而点击了多少相关链接，以及有多少句子、哪些句子被学生画了下划线进行标记……基于这些问题的答案，就可以对教科书进行相应的修改。如果这些信息是实时提供的，还可以对教科书的内容进行实时修改，以满足学生的需求，从而提高整体的学习效果。

大数据甚至还可以对每个学生如何学习给出见解。这一点很重要，因为它会影响学生的最终成绩。有些学生学习效率非常高，而另一些学生学习效率可能会非常低。如果学生的学习资料是在网上获取的，那么就可以监控他们是如何开展学习的，而监控到的相关信息可以被用来为学生提供一个定制化的程序，或者就如何变得更高效提供实时反馈，从而提高他们的学习成绩。

减少辍学，提高成绩

所有这些分析将有助于提高学生的成绩，或许也能降低学校的辍学率。当学生受到严密监控，接受实时反馈，并根据自己的个人需求受教，辍学学生的数量就会得以减少，这对教育机构和社会来说都是有利的。

教育机构对收集到的所有数据进行预测性分析，能够获得与未来学生成绩相关的见解。如果预测结果不理想，这些预测结果就可以被用来改变一个程序，或者甚至在一个程序启动之前，对它进行情景分析。大学和学院在研发提高学生学习成绩的相关程序时，将会变得更加高效，从而减少试错的时间。

学生毕业后也会继续被监测，以查看他们在就业市场上的表现如何。如果这些与就业情况相关的信息被公开，将有助于以后的学生选择合适的大学。大数据将在未来几年彻底改变教育行业。越来越多的大学和学院都已经转向利用大数据来提高整体的教育水平。学得更快的更聪明的学生将会为企业和整个社会带来好处。

普渡大学，课程信号系统让成绩斐然

位于印第安纳州西拉法叶市（West Lafayette）的普渡大学成立于1869年，拥有超过40 000名学生和6 600名教职员工。2012年它被评为拥有美国最具创新性校园留存计划的高校。普渡大学采用了大数据为未来做准备，并且已经取得了喜人的成绩。

普渡大学开发了一个帮助预测学术和行为问题的系统，称为“课程信号”（Course Signals），它会在需要采取行动的时候提醒老师及学生。这个系统保证每个学生都能发挥出他们最大的潜力，从而降低辍学率和降级率。该平台获得了很大的成功，甚至在2012年赢得了“李·诺埃尔和兰迪·列维茨优秀留存奖”（Lee Noel and Randi Levitz Retention Excellence Award）。课程信号被普遍认为是将分析应用于高等学府来帮助学生改善成绩，以便让他们及时毕业的最佳案例。

课程信号系统结合了预测建模和“黑板”教学平台（Blackboard）上的数据挖掘，使用了各种来源的数据，比如课程管理和学生信息系统里的数据。在每个学期的第二个星期，数据挖掘工具“黑板”就能够给出某位学生在某门课上所做的学术准备以及参与、努力的程度，并及时在一个给定时间评定出学生的学术成绩。为了做到这一点，它使用了学生的个人特征和其学业准备情况，以及学生投入到课程中的精力（如测验、讨论以及完成作业所花的时间）和成绩。

该算法基于一个简单的系统，为每个学生预建一个风险档案：绿色代表某门课程很可能会取得很好的成绩；黄色代表学业可能会存在问题；红色代表有可能挂科。这个预测结果会在每学期的第二周就提供给学生，从而让学生有充分的时间和机会来及时采取行动，以提高成绩。系统也会立即为学生提供各种能够帮助他们提高学习成绩的资源。风险档案能够根据每门课程进行调整。

课程信号也为教师们提供反馈。教师如果使用了该软件，就能在问题刚出现的时候，立即跟进问题学生的学习情况。教师可以随时使用这个软件，但是预测结果只有当程序可用时才会更新。该系统自 2007 年以来一直在使用，且效果显著：提高了学生成绩，实现了更高的留存率。正如课程信号的网站所指出的："在一些课程中，成绩为 A 和 B 的学生增加了高达 28%。在大多数情况下，进步最快的是那些成绩起初为 C 或 D 的学生，他们直接提高了一个等级，甚至更多，达到了 B 或 C。"

普渡大学还与 EMC 合作来解决大数据存储问题。学校的 4 万名学生每人都将获得 100GB 的存储空间。而且，它们还将共同合作，开发新的方法来处理、分析、传输和管理大量来自生物信息学等领域的研究数据集。

显然，普渡大学已知悉大数据对研究和教育的重要性，它目前正在招募多名员工以促进和进一步发展大数据战略。在选择和执行大数据战略方面，普渡大学更是遥遥领先于其他教育机构。

能　源

自 17 世纪蒸汽机被发明以来，我们已经在开发和提供能源的道路上走了很远。比如，我们创建了电力网络，为全球 75% 的地方提供了电。因为大数据，现在我们正走向能源发展的下一个阶段。大数据可以把现有的旧能源网络转变为可了解个人能源消耗的智能网络，这将大大地提高能源使用效率、降低能源价格，并减少全球的碳排放量。

智能能源网

在不久的将来，越来越多的设备将配备传感器——它们将成为物联网的一部分。这些传感器能够与能源公司、智能电表以及其他家用电器进行双向交流。最终，如果需要的话，个人设备的能源消耗情况将能够被监测和调节。能源企业已经在开发智能电表了，它们每隔一段时间就记录电力的消耗情况，并把这些信息发送回能源公司，然后能源公司就能了解并预测能源需求。

当更多的设备配备传感器，产品将能够彼此交流，同时也能与不同的网络交流。这将有助于能源公司管理整个能源网络内的能源利用率。对电动汽车的未来而言，这将非常有用且尤其重要。当消费者同时下班回家为他们的电动汽车充电时，能源网络可能满足不了高峰期的能源需求，但是，当越来越多的设备配备了传感器，并能够与能源网络进行交流时，能源公司就能更好地针对需求情况进行调整——不过，一个真正的智能电网仍遥不可及。

这样的智能电网可以防止能源损失和全网络的断电。一个名为“同步仪”（synchrophasor）的传感器系统可以实时监控电源线路的状况，每秒收集多个数据流。该传感器还可以检测能源在网络内的传输情况，以及能源出现损耗的时间和地点。这些信息能检测出断电情况，而且当出现断电时，能够让能源公司快速做出反应。

巴特尔纪念研究所（Battelle Memorial Institute）的西北太平洋智能电网示范项目（Pacific Northwest Smart Grid Demonstration Project）就是这样一个智能电网试点项目，它拥有来自 5 个大洲的 60 000 名参与者。实施该项目的目的是判断智能电网是否如我们想象的那么有价值，以及它是否经济适用，因为它需要在硬件和软件上进行巨大的投入。这样的电网也将会极大地增加数据量，电表读取会从每月一次变成每15分钟一次。也就是说，按100万个电表来计算，每天将进行9 600万次读表。其结果是，由此产生的数据量将是以前的3 000倍，因此这些数据如果管理不当的话，会让人们措手不及。

改变消费者行为

对于那些能够基于实时数据和能源价格管理自己的能源消费情况的消费者，智能电网很可能会改变他们的消费行为。智能电表能够基于对估计需求的预测，建议消费者在能源价格较低的时候才使用某种设备——这将有助于能源公司更好地管理能源需求。如果像洗衣机一样的家用电器能够基于设定的价格范围和能源网络中的能源需求，来决定自己的最佳工作时间，也许能取得更好的效果。

预测需求和价格

智能电网连接了数以百万计的电器，能够对大型区域的能源消耗情况进行估算。对电器设备的能源使用情况进行检测，可以为能源公司提供有价值的数据，而分析这些数据可以预测人们的能源需求以及可能出现的短缺。有了这些能源需求的相关信息，能源公司就能够在正确的时间向正确的地点输送适量的能源，这将有助于让不同时间和不同地点的能源需求峰值趋于平缓。通过减少断电的次数和持续时间，能源供应企业就可以提高客户满意度和合规性。如果能源企业能够把能源网络故障和某些事件联系起来，也就可以了解哪些模式可能预示着能源网络会出现问题，并能够实时地孤立这些区域，确定解决方案。

如果智能电网能削平能源需求的峰值，那么能源网络会变得更加可靠。目前能源网络的问题不是出在容量不够，而是它缺乏应对高峰期能源需求的能力，而智能电网可以帮助减少可能导致断电的极端高峰情况。

通过基于数万种不同的数据集来对市场进行几乎实时的复杂分析，大数据还将有助于优化能源交易，从而更好地预测价格波动。如果有必要的话，预测能源供应和需求将能够帮助企业在能源出售上实现获利。通过了解市场，企业可以保护自己免受能源价格波动的影响。如此一来，企业就能够提供更廉价的能源，并提高客户满意度。

未来的投入和维护

分析来自能源网络的大量传感器数据所获得的见解，将能提供有关能源网络本身质量的额外信息。这些数据将能帮助判断未来应该在哪些地方加大投入和进行维护。与进行常规网络检查不同，大数据工具能实时监测全能源网络内的设备，并只在必要的时候采取行动。这将会帮助企业节省大量资金，因为对一切可能出现的问题的无关调查将会终止。同时，企业利用实时监测所得的相关信息还能得知，哪些投入将会带来最丰厚的回报。

例如，瑞典的电力公司瓦腾福（Vattenfall）在它的风力涡轮机中安装了传感器，以监测什么时候有必要对机器进行维护。这样就无须再使用直升机飞上涡轮机，也无须再进行无关紧要的维护检查或支付高昂的咨询费用了，因此为公司节省了大量的人力、物力。

大数据也能用于优化风力涡轮机摆放的位置以获得最大的能量输出。通过预测一年中最大风力或最大光照的位置，在微观和宏观层面上不断变化的天气数据可以帮助企业预测适合风力涡轮机和太阳能采集系统摆放的最佳地点。然后，通过将这些预测结果与其他结构化和非结构化数据相结合，比如潮汐位相、地理空间、传感器数据、卫星图像、森林砍伐地图和气候建模等，电力企业可以精确地找到最佳的安装地点。

例如，丹麦的维斯塔斯风力系统公司（Vestas Wind Systems）就使用 IBM 大数据分析手段来分析许多不同的数据集，以确定每个风力发电机组的最佳摆放位置。将风力涡轮机放置在风力不足的地方可能会导致电力不足，从而扩大在风能上的投资，增加电力成本。

因此，大数据对能源行业最重要的影响是发展智能电网，使现有的网络变得更加高效。这将会减少能源消耗，降低能源价格。更智能的能源管理可以让电网不在用电高峰期出现断电情况，而且可以免除对建立昂贵新电站的需求。较少的电厂以较低的价格提供更高效的能源，将有助于减少碳排放量。因此，最后的结果就是大数据是最可持续发展的技术，甚至相比可再生能源，它更能减少我们对环境的不利影响。

金融服务业

如果说有一个行业能够从大数据中获益，那么这个行业非金融服务行业莫属。当然，说起大数据在金融服务行业内的用途，我们第一个想到的就是降低风险，不管是信用风险、违约风险，还是流动性风险。但是，大数据在金融服务行业的应用还能带来更多的可能性。比如，金融服务行业在2008年的金融危机中痛失了客户的信任，因此它可以求助于大数据，以更好地了解客户并提高客户的满意度。与此同时，大数据还带来了其他的可能性。

降低企业所面临的风险

金融服务企业能够基于许多变量，如个人过去的购买行为、线上线下的社交网络行为、生活方式和来自公共数据集的信息，创建一个个人风险档案。在建立风险档案时使用的数据越多，档案就越准确，由此可降低信用违约风险。保险公司 Insurethebox 是使用大数据来降低风险的先行者。它在客户的汽车中安装了一个设备，用以准确地测量被保车辆的驾驶方式、驾驶时间和驾驶地点。基于这些信息，保险公司有一个算法能判断驾驶员的行为（包括加速和减速行为，以及其他行为），并建立相应的风险档案。然后，每个客户会得到一个量身定制的保险报价——客户的驾驶习惯越好，报价就越低。

算法也可以考虑不同的市场条件，比如产品定价和未来需求，然后在十亿分之一秒内对交易行为进行分析并进行大额交易，以优化收益，降低交易风险。在一个不断变化的市场里，算法能够自动防范有风险的交易或者标注高风险敞口。

大数据技术还能够改善企业的风险管理。算法能够通过添加和使用不同的数据集来确定一个申请贷款的客户的风险档案。相比一个基于许多未知的未来变量之上的商业计划书，企业的债权、新业务、投资管理方法或者管理者的生活方式更能让人们对企业的风险容量有一个全局把控。基于上述因素得来的预测模型会更复杂，也更准确，且有助于公司减少业务风险。

另外，使用大数据技术也能轻易让欺诈行为无所遁形。例如，当客户的行为偏离他的日常行为模式或长期行为模式时，分析能够及时发现。异常检测是一个用于发现异常情况的功能强大的工具。如果信用卡在一个很远的地点被使用，而且持卡人无法在一个很短的时间内到达使用地点，算法就会立马检测到这种异常情况。更妙的是，算法能够在交易当下基于不同数据集对交易情况进行分析，这就能甄别潜在的欺诈，使得企业能够防患于未然，而不是做事后诸葛亮——进行事后检查。维萨（Visa）开发了一个系统，这个系统能同时对一项交易的 500 个不同方面进行分析。随着每年约有价值 20 亿美元的欺诈事件发生，维萨有充分的理由关注并重视大数据的利用。

大数据也可以让那些意图使用“过时”技术抢劫银行的罪犯的愿望落空。通过数据分析，银行能够甄别出最可能被罪犯列为目标的 ATM 机是哪些，以及这些 ATM 机可能被抢的频率是多少。这种预测是基于地理位置数据和多个其他数据做出的。基于这种预测，银行可以采取适当的措施，以减少被抢的风险，或者在这些 ATM 机周边安装智能摄像头，从而在犯罪活动发生之前进行监测。

有了一个全方位的客户视图，我们就可以了解客户的个人行为，以及这些个人行为会对未来需求造成什么影响。这种判断可以基于历史数据（例如，监测某人如何驾驶，以确定汽车保险的价格）和风险模型（例如，基于某人居住的位置和此人在网络世界的表现）做出。这将能提供很多与个人潜在风险相关的信息，由此就可以针对个人确定适当的价格。

重新获得客户的信赖并提高客户满意度

与任何行业一样，金融服务企业也想对客户进行 360 度画像并细分市场，以更好地理解和接近客户。金融服务企业提供保险、信用卡、定期银行账户等许多不同的产品，分析这些产品的使用情况能够让金融服务企业对客户行为有一个很好的了解。虽然银行不这样做（或者至少它们说它们不这样做），但是依靠客户的付款信息，银行确实能够比客户更了解他们自己。因此，当欧洲最大的支付服务商 Equens 决定出售这些借贷交易数据时，人们抱怨连连，导致它最后不得不取消了这项计划。事实上，客户满意度可以通过多种不同方式得到提升，例如，让在线工具的速度变快，提供附加服务（比如，当输入一个银行账号时，即时显示搜索结果），以及提高客户服务水平，确保接电话的客服代表知道所有必要的信息并能够解决客户的大部分问题，当然，前提是内部系统统一且互联。

开发客户需要的产品

社交媒体算法使得实时了解客户的情绪成为可能，而客户情绪能够提供客户对新产品和服务的想法，以及客户对商业广告的反应。此外，算法可用于识别网络意见领袖，并了解他们对产品或服务的看法。对产品使用情况的分析能够提供有关产品需要改进之处的见解。例如，银行通过分析客户使用其手机银行 APP 的地理位置、时间，以及使用的功能、使用该应用的方法、使用该应用的时长或者在应用里搜索时花费的时间等情况，可以了解其手机银行哪里需要改进。与采用耗时且昂贵的调查来询问客户的意见所不同的是，这种获得反馈的方式是即时的，且不会对客户造成困扰。同时，这将有助于优化产品。

增加销售和降低成本

人类的生活是很容易预见的，因为我们常使用借记卡或信用卡购买很多商品，所以基于人们使用借记卡或信用卡的地点、花费的金额和购买的产品，能够很容易通过分析得出他们的消费行为模式。如果金融服务机构监控这种行为，它们就能根据预测的未来事件采取行动，比如在适当的时机出售更多的产品给正确的客户，从而提高转化率。举个例子，一名消费者购买的生活用品突然增多了，是因为他的另一半搬来同住了。

金融服务业也因为需要耗费巨资来维护的庞大遗留系统而为人所知。有了大数据平台，它们就能够把旧数据迁往新的平台，这样不仅不会增加负担，反而会为分析增加有价值的数据基础。这些数据可以提供新的见解，这样就可能带来新的收入机会或降低操作成本。当交易数据和从语音识别、社交评论、电子邮件等处收集到的非结构化数据被监测和分析，以预测呼叫中心和分支机构未来的工作负荷和员工变动需求时，运营效率可以得到进一步提高。此外，当所有的客户接触点的数据都收集并展示在一个平台上时，工作人员将能够更快、更好地帮助客户。

有了大数据，企业就能够通过监控客户的活动来预测客户流失的可能。如果客户的银行交易活动骤降，那就说明可能客户对银行的服务存在不满，并且可能即将流失。此外，如果金融服务企业知道谁在自己的目标市场中有影响力，就能够确保这些人不会流失，因为一旦这些影响者流失了，其他人可能也会跟风。如果金融服务公司可以识别这些情况，它们就可以采取预防措施，以确保客户的忠诚度。

虽然金融服务行业几乎有无限可能，但是该行业还是面临着重大的隐私问题。正如荷兰支付服务商 Equens 的例子所示，消费者对于银行使用其个人财务信息赚取利益的做法是非常敏感的，特别是在过去几年中，消费者已经对金融机构丧失了太多的信任。因此，在实施大数据策略的时候，恪守道德准则对金融服务行业的重要性远远高于其他行业。

摩根士丹利，让数据成为最重要的资产之一

摩根士丹利（Morgan Stanley）是一家总部位于美国纽约的全球性金融服务公司。通过其子公司和分支机构，它在 42 个国家的 1 300 多个办事处提供产品和服务，其客户包括企业、政府、金融机构和个人。摩根士丹利管理着超过 3 000 亿美元的资产，且在全球范围内拥有超过 60 000 名员工。对于这样的大公司来说，传统的数据库和网络计算不足以处理它所产生的大量数据。为了处理如此大量的数据，该公司在 2010 年就开始使用 Hadoop。在过去几年里，摩根士丹利已经走过了漫长的道路，并完全跟上了大数据的步伐。

在《福布斯》杂志的一篇文章中，摩根士丹利的企业信息管理部门的执行主管加里·巴塔查尔吉（Gary Bhattacharjee）介绍了摩根士丹利通过使用 Hadoop 所获得的好处。虽然迫于摩根士丹利的企业性质，加里·巴塔查尔吉不能透露太多信息，但他还是分享了一些该企业利用 Hadoop 来创建一个可扩展的解决方案以进行投资组合分析的相关见解。过去需要几个月才能收集到的信息，现在可以在事件发生时就进行实时收集。巴塔查尔吉分享的一个案例是，摩根士丹利使用 Hadoop 来查看整个公司的网络和数据库日志以发现问题。例如，当一桩市场事件发生时，公司有能力立即了解这个事件带来的影响。公司可以即时发现问题，并且完全可以追溯事件——谁用什么方式、在什么时间做了什么，以及是什么引起了这个问题。

摩根士丹利采用了一个使用了 15 年的商用服务器，然后在这个服务器上安装了 Hadoop。如今，Hadoop 促使着公司的关键投资项目得以顺利开展。因为公司的大数据项目，摩根士丹利非常依赖开源工具。据巴塔查尔吉所说，开源工具可以让摩根士丹利的生态系统变得非常灵活，相比使用惠普或 IBM 开发的生产周期很长的产品，开源工具的生产周期更短，且创新速度更快。

当然，这并不是摩根士丹利使用大数据的全部方式。2009 年，摩根士丹利和花旗集团合资成立了摩根士丹利美邦公司（Morgan Stanley Smith Barney，简称 MSSB）。这家合资公司为 400 万客户管理着 1.7 万亿美元的资产，它使用预测分析来为股票、政府债券和固定收益做更好的投资推荐。为了得到正确的结果，预测软件需要大量的数据，而摩根士丹利美邦公司不缺少数据。除了借助来自公司股票分析师每日发布的 450 份报告中的数据，员工还使用大量的公共和社会数据来进行分析。基于实时的仓位和市场情况，所有的信息都被用来分析建议是该买进还是该出售股票。该预测系统还在不断地完善，且公司的顾问可以通过删除不必要或不正确的信息来调试程序。

此外，摩根士丹利决定采用有线数据来发现其应用程序中的错误。有线数据是指在系统内的物理层和逻辑层之间流动的所有数据。当摩根士丹利对应用程序的表现进行分析时，实时有线数据分析可以跨应用程序进行问题检测，并对问题进行优先级排序，然后通过挖掘这些数据，获取有效信息。为了成功做到这一点，他们使用了 ExtraHop 公司的软件。ExtraHop 是一家帮助 IT 企业利用行业内流动的大量有线数据来获取实时运营智慧的公司。

虽然摩根士丹利是一家全球性的金融服务公司，但是它清楚数据是它最重要的资产之一，而且它知道，公司内部很多不同部门都可以利用数据来改善服务和增加营收。

游戏业

全球有超过 20 亿名视频游戏玩家。美国艺电公司（Electronic Arts，简称 EA）拥有 2.75 亿名活跃用户，这些玩家每天会产生约 50 太字节的数据。仅在美国，游戏行业的年收入就高达 200 亿美元，其中社交游戏的年收入为 20 亿美元。在美国和加拿大，游戏行业的收入甚至高于每年票价收入达 108 亿美元的电影业。全球游戏行业的规模很大且增长迅速，并且该行业充分利用了大数据技术。游戏公司可以通过大数据推动客户参与，在广告上赚取更多收益，并优化游戏体验。

提升客户体验

和所有行业一样，全方位的客户视图对游戏行业而言也非常重要。幸运的是，游戏玩家留下了大量的数据痕迹。无论是一个 Facebook 上的在线社交游戏，还是一个 PlayStation 游戏机上的离线游戏，又或者是一个通过 Xbox 进行的多人游戏，玩家们都以不同的形式创造了很多数据。玩家们所做的一切，包括他们怎么互动，玩了多久，什么时候玩，和谁一起玩，在虚拟产品上花了多少钱，和谁聊天，等等，都会产生大量的数据流。如果玩家的游戏资料与其在社交网络上的信息联系起来，或者玩家被要求登记人口特征数据，那么玩家的相关信息就会进一步丰富，因为新加入的这些信息可以用于推断玩家在现实生活中的样子，游戏公司就能够根据玩家的资料为他调整游戏。

依靠所有这些数据，游戏公司就可以提供具有高转化率的针对性的游戏内置产品。正如电子商务网站基于其他客户的购买记录进行相关产品推荐一样，游戏公司可基于玩家的水平，向玩家推荐其他玩家购买过的特定产品或者虚拟产品。这可以提高销量或者交叉销售率，并带来额外的收入。

假如分析结果显示一个游戏的前期太难，后期太容易，玩家就有可能会放弃这个游戏，游戏公司可对游戏进行相应地调整，然后该游戏的玩家参与度就会得到提升。数据可以用于找出游戏的瓶颈，也就是很多玩家完成不了的任务是什么，或者，它也可以用于找出太容易通关和需要改进的地方。对数百万的玩家数据进行分析，能够为游戏公司提供一些有价值的见解，让其了解游戏中哪些元素最受玩家追捧。同时，这些分析还能让游戏公司了解到游戏中哪些元素是不受欢迎的，且需要采取哪些措施来完善游戏。对一个游戏来说，玩家的持续参与至关重要。有了正确的工具，游戏公司就可以在适当的时候给正确的玩家提供合适的奖励，以此来维持他们的参与度。

大数据技术还有助于优化玩家在游戏中的表现和终端用户的体验。例如，一款游戏的数据库和服务器应对在线玩家激增的情况时，需要拥有足够的处理能力。有了大数据，游戏公司就能提前预测需求峰值，并在处理容量和规模上做好相应的准备。这将改善那些喜欢慢节奏游戏的玩家的游戏体验，以及终端用户的体验。

提供量身定制的游戏体验

为不同的游戏机或设备（平板电脑 VS. 智能手机，或 Xbox VS. Playstations）开发的游戏会带来不同的操作体验。如果对所有的操作体验相关数据进行分析，就可以洞察出游戏在不同设备上的运行情况，以及不同设备上操作体验的差异是不是暴露了一些需要解决的问题。当玩家使用不同的设备玩游戏时，游戏公司应基于玩家的游戏历史记录，针对新采用的设备，对游戏进行自动优化。

大数据还能根据玩家的需求和愿望定制广告。借助玩家创建的所有数据，游戏公司能够创建一个玩家在游戏内的全方位资料，当这份资料与玩家的开放数据和社交数据结合起来时，游戏公司就能洞察出玩家的喜恶。有了与玩家的喜恶相关的信息，游戏公司就可以在游戏中只展示那些玩家资料说明玩家会感兴趣的广告，以此实现一个更高的附着力因素，为广告商带来更大的价值，并最终为游戏开发者带来更大的利益回报。

对于游戏开发者来说，使用大数据就意味着他们拥有了大量的机会能够改善游戏体验，从而获得更多的收益，并让游戏变得更好玩。游戏开发者不应该错过大数据，因为大数据带来的好处不容忽视。

星佳，一家伪装成游戏公司的分析公司

像星佳(Zynga)这样的网络游戏开发商每天会创造和使用多少数据？答案是，毫无疑问，肯定很多。事实上，这家公司操作着如此大规模的数据，因此每天都会发送 1 拍字节的内容。为了处理对数据的极高的需求，星佳建立了一个复杂的云服务中心，它能在 24 小时内就轻松架构好 1 000 台服务器。星佳的私有云和公共云服务器中心是最大的混合云之一。

星佳开发的游戏多发布在主流平台之上，比如 Facebook、Google+ 以及 Android 或 iOS，并提供它自己的星佳 API 接口。星佳的数据分为两类：

◎ 游戏数据。这是 Vertica 驱动的数据，星佳每天会产生约 600 亿行结构化数据和 10 太字节的半结构化数据。

◎ 服务器数据。星佳的服务器和应用程序日志会产生超过 13 太字节的原始日志数据，这些数据被存储在 Vertica 或 Hadoop 上。

有趣的是，因为删除数据的过程太复杂，星佳从不删除数据，所以星佳的数据库一直在不断扩大。

在星佳，一切都涉及数据，而且为了管理，数据成了一条铁律。管理层对使用数据来跟踪进程有着强烈的需求。为了实现用数据跟踪进程，星佳的每一个员工都能自由地获取报告，且集成外部服务也很简单。游戏设计师布赖恩·雷诺兹（Brian Reynolds）解释说：“在星佳，游戏设计师和那些分析数据的家伙是严格区分的。”分析师需要指出应该问什么问题，而设计师根据问题的答案研发或调适游戏。

星佳对《开心农场 2.0》(*Farmville 2.0*) 里的动物的作用进行的调整，就是数据驱动决策制定的一个很好的例子。在《开心农场》最初的版本中，动物仅仅起到装饰作用。然而，数据显示，越来越多的人开始与动物展开互动，甚至掏钱购买新的虚拟动物。因此，在《开心农场 2.0》里，动物越发成为核心因素而存在，并最终为星佳带来了更多的收入。

由于这种数据驱动的文化，星佳把艺术和科学结合了起来。艺术需要创造想法，并将之开发和实现成为游戏。有了它背后的科学，星佳就能听到客户的心声，并据此判断游戏是否好玩。然后，如果有必要的话，公司就会对游戏进行调整或转型。

对于不同的任务，星佳使用了大量不同的数据库。例如，它使用 Splunk 来存储主日志分析。在星佳，每天有 70 个节点和 6.5 亿行的数据通过一个 MySQL 集群被存储在一个数据流事件数据库中。星佳已经将交易数据库分片，并使用了 Vertica 的数据仓库。

星佳产生的统计数据也是巨量的。它生成了 6 000 多种不同的报表，而且每天会收到用户的 15 000 个即席查询。然后，星佳的分析师、产品经理、工程师以及商业智能团队基于所有这些数据给出有价值的建议，对公司的业务和产品进行优化和完善。

医　疗

医疗行业正迅速成为又一个被数字化的行业，它将生成大量可用于分析的数据。如果对人类基因组完全测序，会产生 100 吉字节的原始数据。显然，未来几年，医疗行业将产生大量的数据。医疗行业可以对所有这些数据进行分析，从而针对病患个人进行配药，改善治疗效果，并减少欺诈行为。据普华永道会计师事务所称，欺诈、浪费和滥用行为占了美国每年 2.2 万亿美元医疗开销的 1/3，因此，使用大数据可以带来众多好处。虽然大数据的潜力无穷，但是在未来几十年内，它仍将需要耗费大量的投资、时间和精力。

改善病患护理

世界上许多国家都在实施电子健康记录（Electronic Health Record，简称 EHR）计划，这有利于优化和集中患者信息。这些电子健康记录将创造大量的数据，当它们被识别、汇总和分析之后，将提供大量有价值的信息。电子健康记录计划把来自实验室和电子健康记录的数据与病人的数据、历史背景信息和社交因素整合到一个平台之上，就能够分析和提高预测精度，进而改善治疗效果。如果集中所有可用的数据，就可以强化病患护理团队成员之间的沟通，并能改善病患体验，提高护理质量。基于所有的数据以及病患个人的 DNA 信息，算法可以分析哪些治疗（或者非治疗）手段将产生最好的结果。

大数据技术也可以用于改善病人的医疗体验。医院给医护人员和病人的卡片里嵌入了无线射频识别驱动芯片，就能够有效地管理医疗体验。这些传感器能够为医院提供有关病人满意度与医护人员花在病人身上的时间之间的关系的见解。这些传感器还可以显示，医护人员要对病人进行治疗和护理，需要走多远的距离，以及是否需要重新安排各个部门的位置以尽量缩短医生和护士的走路时间，并尽量优化昂贵的医疗设备的使用效率。

除了监控医护人员的行为，这些传感器也能在任何地点一直实时地监控患者的身体状况。当病人住院时，医院能够对患者病床边的监视器收集到的数据流进行实时分析，以监测患者生命体征中微妙但是不利的变化，并在这种变化持续恶化到危险地步的时候提醒医护人员采取相应行动。未来，你的体内或体表将可能安装传感器以监测你的生命体征，并在需要的时候提醒医生注意你的生命体征的变化。这样一个远距离医学平台将对偏远地区的病人或那些不能轻易移动的病人特别有用。通过使用实时预测性分析来解读这些传感器数据，未来我们将会在病人发现自己的身体出现问题之前，预测到病人会突发中风或心脏病。

使用搭载在智能手机上的量化自我的应用程序和医疗应用程序（与身体内置传感器相似），家庭医疗也能得到改善。这些应用程序可以定期测量生命特征，并帮助病人判断生命体征出现变化的原因。如果需要的话，病人可以及时被送往医院，而病人到达医院的时候，医生就已经知道了这个病人的情况。

医生和护士的最终目标是改善治疗效果，减少（重新）住院率。通过将病人的电子病历、社会因素、人口特征和地理数据相关的信息考虑进来，算法可以针对病人面临的任何情况，为医生推荐和决定最好的治疗方案。有了预测分析，某些治疗可能造成的后果就能够在病人接受实际治疗之前预先分析出来。因此，医院能够为患者提供最好的治疗，从而减少病人再次入院治疗的必要性。这将为医院、患者和保险公司省下大笔费用。

个性化的用药和治疗方案

测序人类基因组和 DNA 已经变得既价廉又高速。在 2003 年至 2013 年间，测序人类基因组的成本（包括分析和解释它的成本）从 27 亿美元降到了 5 000 美元。一个已经测序的基因组能够为医生提供大量关于病人的信息，包括病人对某种药物会产生何种反应，以及病人可能患有某种疾病的风险。有了大数据，就可以改进 DNA 的测序，并降低测序成本，直至低到能够用于常规治疗。未来，DNA 测序可以用于帮助医生根据病人的人类基因组为病人定制药品，以获得最好的治疗效果。将病人的电子病历、饮食情况和社会因素相关的信息与 DNA 测序结合起来，医生将能为病人定制治疗方案和药品。

算法还可以分析特定药物与其他药物结合起来使用会对不同病人造成的相应影响。在模拟阶段，医生可以对药物进行细微调整，并通过情景分析来判断对一种特定药物进行调整会造成什么后果。有了大数据和正确的算法，医生就无须再在真实的病人身上进行药物实验了，由此将节省大量宝贵的时间和金钱，并能缩短新药推向市场的周期。

防止欺诈行为

当医疗保险公司的数据集与公共和社交数据相结合，欺诈行为就可以通过大数据检测出来。医疗保险公司可以根据大数据来判断人们说的是否是实情。例如，如果有人说自己在某段时间生病了，而他的 Facebook 上居然有他自称患病期间的度假照片，他所说的话的真实性就值得怀疑了。此外，如果对全部人口的累计索赔进行分析，再考虑到病人的人口特征、过去的治疗程序和治疗方法、病情诊断，以及使用的预约模式，医生为从未进行过的治疗提出保险索赔，就会更容易被检测出来。通过异常检测分析，就会很容易发现那些声称做了过多治疗的医生，并对他们进行密切调查。

此外，大数据可以通过对比历史数据，在很短的时间内确定治疗方法、服务或药品是否过度使用。病人跨越很远的距离获得管制药物的相关数据，医生开出的“不可能的”服务的账单，或者与病人地理区域相关的治疗数据，都能提供大量有关医生、医院或病人的欺骗行为的信息。

通过连接各种各样的（开放的）数据集，保险公司和医院就会获得大量的信息，这将能减少欺骗、浪费和滥用行为引起的大量金钱损失。大数据帮助防止医疗保险欺诈行为的方式也能用来更加精确地找到保健活动，特别是如果某些条件、治疗手段或药物在某些地理或人口区域经常出现时。这将会带来量身定制的有效的活动，能为企业和社会节约大量资金。

虽然在医疗行业使用大数据将需要大量的投资，但是机会是巨大的，许多挑战仍有待克服。

奥罗拉医疗保健系统，节省 42% 的治疗费用

奥罗拉医疗保健系统（Aurora Health Care）有 120 万名客户、15 家医院、185 家诊所、80 多个社区药房，以及包括 6 300 多名注册护士和将近 1 500 名医师在内的 3 万名员工。这一切创造了大量的数据。这个不以营利为目的的医疗集团已决定使用数据来改善决策制定，让机构更加以信息为中心。

2012 年，奥罗拉完成了智能表，这是一个 2 亿美元的记录系统，将过去十年中搜集的所有数据收集到一个单一的数据仓库中。该集团的首席信息官菲尔·洛夫特斯（Phil Loftus）在《福布斯》杂志上解释说，它始于一项尝试，即“通过对临床表现运用打分法，而不是按照国家标准，以获得全国性认可的措施”。换句话说，奥罗拉想要结合全美范围内的数据和它自己的数据来检测结果，并创建一个享誉全美的品质机构。该集团使用临床数据和数据挖掘工具来分析大量数据，以获得更好的见解。

奥罗拉创建了一个混合的商业智能生态系统，该系统融合了信息为中心的 ETL 方式，利用了一个关系数据库管理系统来处理所有维度和事实表。SQL-MapReduce 和 nPath 使得分析平台控制着传统的商业智能报告以及下一代大数据分析。奥罗拉几乎实时处理 18 个不同的主信息流，包括财务、制药、实验室和程序数据。其目标是以一种高度安全和有效的方式使用所有数据。这些任务是通过一个有多个低成本微处理器的巨大平行处理系统进行计算的——相比传统的数据仓库，它提供了 20 ~ 30 倍的计算能力。这揭示了新的趋势和见解，并帮助研究人员更容易找到合适的病人进行新药物试验。此外，奥罗拉系统保留每个病人的全部历史记录。医护人员通过这个系统，基于病人的个人信息，能确保病人得到准确的诊断和最好的治疗。

奥罗拉也能让更多的病人在家里进行治疗。2013 年，配备了笔记本电脑的护士上门访问了约 2 300 例患者。安全无线数据卡能让这些护士访问计算机系统，并审查患者的所有相关信息。使用所有可用的数据和近实时数据分析，奥罗拉可以预测并改善患者的治疗方法和结果。使用不同的数据流，奥罗拉降低了病人的再住院率约 10 个百分点，这意味着总共节省了 600 万美元。通过分析结果和推荐不同的程序，数据帮助医生降低了医疗成本。

奥罗拉也决定加入甲骨文健康科学网络的研发，这是一个在云端的信息分享平台，允许生命科学研究机构、研究人员、医护人员进行合作。奥罗拉想要加入这个网络，以帮助改善接受药物试验的病人的医疗状况。

奥罗拉医疗保健系统利用大数据获得的成果备受关注。除了通过减少病人再住院来实现节约，它还缩短了查询时间，提高了数据的见解，并节省了 42％ 的治疗费用。

法　律

在大数据浪潮下，许多行业都开始看到对目前已经创造的大量数据进行分析和可视化所带来的好处。一些相对较为保守的行业在采用新技术方面的反应没有那么迅速，但是它们也开始慢慢地觉醒，并朝着大数据的方向发展，其中之一就是法律行业，包括司法系统和律师事务所。

然而，法律行业在面对大数据应用的时候还存在许多问题。例如，对于法院或律师事务所而言，使用大数据究竟能带来什么好处？大数据怎样帮助法院克服常见的法院程序性问题，比如堆积如山的判决摘要、延误和成本增加？法律系统应该如何处理审判中的敏感数据？对法律从业者而言，大数据意味着什么？显然，许多问题亟待解决。虽然大数据对法律行业而言还是新生事物，但是行业中也已经有了一些非常好的大数据应用案例，我们不妨对此进行一下探究。

《信息周刊》（*Information Week*）曾对亚特兰大的托马斯·赫斯特梅耶（Thomas Horstemeyer）律师事务所进行过报道，该事务所有 60 名员工，主要代理知识产权方面的官司。与传统律师事务所不同，这家事务所没有将它的不同案件进行纸质存档，而是都上传到了私有云中。他们在事务所的办公室里拥有多个存储局域网（存储了数太字节的数据），并对这些局域网中存储的数据进行多种类型的分析。该律师事务所建立了一个纯粹的虚拟环境，并为此升级了网络防火墙，增加了网络负载均衡，对网络服务器进行虚拟化，并用网络语音电话取代了电话系统。此外，由于不再需要大量的存储空间来保存案件档案，因此节省了大笔置产费用。

虽然这看似和大数据并没有多大的关系，但这是一个良好的开端，因为以往律师事务所一直趋向于保存纸质文件。然而，纸质文件数字化之后，人们就可以对可用数据进行更迅速的分析，还可以更快速地在过去的案件档案中寻找到有用的信息。

还有一些其他应用也展示了大数据促进法律行业发展的方式。

首先，大数据可以帮助法律行业大大降低成本，加速审理程序的推进，特别是当大量的文件和其他相关资料可以立即进行分析和关联的时候。当然，要实现这一点，律师事务所需要对拥有的一切数据进行正确的收集、存储、编目并组织。目前，计算机已经拥有足够的计算能力来存储我们所需的所有数据，而且存储成本低廉。未来，大数据可以带来与案件相关的全新的见解，并帮助律师和公诉人找到目前无法回答的问题的答案。

例如，律师事务所可以通过特定算法为一些特定案例提供预测，其中算法则是基于以往同一辖区内的相似案件的审判结果。加利福尼亚州的一家小型律师事务所“Dummit, Buchholz & Trapp”就使用了由律商联讯（LexisNexis）开发的算法技术，能够在20分钟内预测出某一案件是否值得受理，而在过去，同样的事情需要20天才能完成。

其次，大数据可以提升法律行业的透明度，这对律师和企业客户来说都是有利的。例如，一个名为TyMetrix LegalView Analytics的分析工具已经持续收集了数百亿美元的与法律事务支出相关的发票，这将有助于律师事务所向行业标准看齐，从而为一些特定案件设定适当的价格。另外，也有诸如Sky Analytics之类的分析工具能够帮助律师事务所减少法律支出和控制成本。借助这些工具，律师事务所能够对服务成本形成一个空前的宏观视图，并为客户提供在任何给定位置如何达成最好的法律服务交易的建议。

消费者也会从法律行业的数据民主化中获益。一款名为RateDriver的应用程序可以让用户迅速确定自己在美国51个不同的州需要支付的代理律师费用各是多少。

最后，大数据能够提供新的呈堂证供。从一些美国案件的案例中可以看出，从公共数据集中收集和分析而来的大数据可以被认定为证据。另外，虽然法律行业一直都是一个数据驱动的行业，但是直到最近，法律行业的数据依然是纸质数据。现在，律师事务所正在慢慢走向数字化，因此，大量的提升法律行业服务水平的新机遇会不断涌现。律师事务所的数字化数据可以与开放和公共数据集实现简单快速地连接，从而提供额外的证据和新的见解。正如律商联讯的首席架构师伊恩·科尼格（Ian Koenig）所说的：“这能让我们在大海里捞到对的那一枚针。”

当今市场上，越来越多的聚焦于法律行业的大数据初创公司如雨后春笋般涌现。总部位于圣路易斯的初创公司Juristat，在美国法院审判中就运用了大数据分析方法。Juristat公司为律师和事务所提供可操作的分析，以帮助他们优化诉讼策略、营销手段以及内部运作。不过，Juristat公司提供的分析工具所能做的并不止于此，它甚至还能预测出流感疫情的暴发对陪审团的判决可能造成的影响。

大数据在法律行业的应用还处于初级阶段，还有很长的路要走。律师事务所不愿意将自己的数据数字化有很多原因，其中最主要的是，它们的绝大部分数据包含众多的机密信息，因此，将这些数据数字化可能会带来隐私与安全问题。总之，对法律行业来说，大数据既带来了机遇，也带来了挑战，但是，无论如何，法律行业的最终唯一出路将是数字化。

制造业

2013 年，通用电气公布了与亚马逊网络服务一起合作研发的“Predictivity”平台。它们的目标是开发一个工业互联网，以迎接大数据时代。工业互联网可以被看作是联网的传感器和软件与复杂的物理机械的整合。

Predictivity 平台是一个为管理高容量的机器数据而搭建的基于 Hadoop 的软件平台，它合并了智能机器、传感器和先进的分析，将给工业企业提供一个集成的架构。这样一个平台的研发显示了在制造业和工业使用大数据的巨大机遇。

工业互联网在制造业普遍使用之前，需要克服一些严峻的挑战。首先，把一个工厂变成一个智能工厂需要大量的投资以及一种新的工作方式。它也需要大数据标准和一个生态系统来确保不同的企业之间顺利合作，但是目前还没有研发出来。当然，机器中的大量传感器将创造许多数据，很可能很快就把我们带入波字节时代，这需要可处理大量数据的强大的分析功能。此外，为所有这些数据提供安全保障是一个重要的问题，因为在工业互联网内的恶意软件可能比“只是”影响敏感信息做得更多——它可能引发直接的物理破坏。工业互联网只是在制造业中应用大数据的好处之一。

优化运营效率

在生产过程中使用大数据和连在机器上的传感器，就可以分析整个生产过程，以了解每一个部分是如何运作的。某个进程偏离标准的那一刻，就会发出一个警报来通知工厂，这样可以更快地发现失误，以解决错误和消除瓶颈。这些传感器可以为工程师识别问题，然后工程师就会知道如何尽快修复它。有了大数据技术，也将可以对工业产品的生产进行近似建模，由此优化生产过程。

当所有这些信息在一个中央仪表盘上可见时，由此而来的透明性可帮助制造商改进生产过程。此外，许多企业都将它们的数据存储在整个公司的数据仓库中，尤其是在大型跨国企业中，这些信息很难被检索。大数据能帮助企业将所有的信息集中在一个平台上，这能让所有的员工基于他们的职位获取相关的信息。创建一个产品生命周期管理平台，该平台能从多个系统整合数据，并能显著增加跨企业的有效和持续合作。

当信息能从云中的集成化平台上获取时，它就能确保公司内部所有部门使用的是同样的数据，这将会减少错误，并因此提高经营效率。此外，将相关供应商的数据源纳入考虑，经营效率将进一步提高，其结果是，供应商将获得更多关于什么时候交付什么材料的准确信息。

优化供应链

大型原始设备制造商（Original Equipment Manufacturer，简称 OEM）拥有成千上万家供应商，这些供应商为制造商交付上万种不同的产品。每一种产品都会依靠市场预测和其他变量，如销售数据、市场信息、世界上正在发生的事件、竞争对手的数据和天气状况等，按照自己的价格进行交易。使用销售数据、产品传感数据和来自供应商数据库的数据，工业制造商将能在世界范围内的不同区域准确地预测需求。能够记录并预测存货和价格，以及能够在价格低点买入，将显著降低制造商的成本。通过在产品中使用传感器，制造商就会知道产品即将破损的时间以及哪个部件需要检查，也就更加能够预测出存货需求，并优化供应链。在供应链中和不同的参与者合作，可以帮助塑造制造商的需求，以提供更好的

B2B 体验。

节约成本

在设备的制造过程中可以通过传感器对所有的过程进行集中监测。它可以在能源消费中显示异常消费或高峰消费，这可以用于在生产过程中优化能源使用。例如，热量可以根据建筑物中的人数来进行调整。

工业互联网使制造业企业使用大数据技术来提高经营效率、降低成本和创造更好的产品。它提供了很多可能性，在未来几年，制造业中越来越多的企业将会看到使用大数据来优化供应链和运营流程的需求。

福特，依靠大数据驶往正确的方向

福特利用大数据来了解客户的需求，并在很短的时间内开发出了更好的汽车。为了研制出一个需要 20 000 ~ 25 000 个不同零部件的产品，福特在大数据上投注了巨资。实际上，福特在硅谷建立的一个实验室正是为此目的。为了在质量、油耗、安全和排放方面改进它的汽车，福特整合了装有车内传感器和远程应用程序管理软件的 400 多万辆汽车上的数据。所有的数据都被进行实时分析，从而能使工程师立刻注意到问题，了解车辆在不同路况和天气条件下的状况，以及任何其他能够影响它们的因素。

福特在汽车上安装了 74 个传感器，包括声纳、相机、雷达、加速计、温度传感器和雨水传感器。其充电式混合动力汽车 Energi 每小时能产生大约 25 千兆字节的数据。这些数据在工厂内实时产生，而且数据通过一个移动应用程序被传送给驾驶员。福特研发机构内的汽车上装有的高分辨率相机和传感器，每小时能产生高达 250 吉字节的数据。

大数据在福特并不是什么新鲜事。早在 20 世纪 90 年代，公司就开始进行车内分析了。2004 年，它为旗下品牌阿斯顿·马丁 DB9 开发了一个自学习神经网络系统。该系统能够使发动机正常工作，优化条件以匹配驾驶员的行为，并相应地调整警报和性能。从那时起，福特的文化就已经变为数据驱动文化，虽然出售内部大数据机会比出售外部大数据机会更加困难。

在外部，福特使用大数据来发现人们希望在他们的汽车中需要改善的地方。如今，福特仔细聆听客户在网络、社交媒体或者博客空间上所谈论的内容。例如，公司借此了解福特翼虎运动型多用途汽车是否应该安装一个标准提升式尾门或电动提升式尾门。另外，福特对所有的网络内容进行情绪分析，并使用谷歌趋势（Google Trends）来预测未来的销售。

在内部，福特利用大数据来优化其供应链，并提高运营效率。从零件到达工厂之前，再到汽车进入展厅，大数据已经渗透到了供应链的每一个部分，从而产生了大量数据。考虑到需要这么多来自不同供应商的不同零部件，对福特而言，在任何时间及时获得一个完整和详细的关于零部件的位置的概览，是非常重要的。

来自网站、呼叫中心、公司信用处理部门，以及车内传感器的信息，将被用来改进产品和服务，以更好地适应客户的需求。此外，福特还使用装配传感器来优化其汽车的生产。

收集和处理所有这些数据需要正确的大数据工具。福特主要依靠开源工具，如用 Hadoop 来管理数据，用编程语言 R 来进行统计分析。此外，福特也使用了与文本挖掘和数据挖掘相关的一系列其他开源应用。

汽车制造商在经营中需要了解其生产过程的每一个方面，同时也需要知道汽车是如何被驾驶员使用的。竞争是激烈的，而这些通过大数据获得有价值见解的公司将做得比同行们更好。通过大数据战略，福特超越了竞争对手，正驶往正确的方向。

非营利组织

帮助发展中国家战胜贫困

数据量的创造不仅在发达国家有所增长，也在发展中国家呈爆发式的增长。然而，在发展中国家创建的很大一部分数据相比其他任何地方都有着不同的起源——跳过了桌面和有线时代，迅速发展到了移动时代。虽然这需要一种全新的方法，但是它也提供了一系列广泛的可能性来克服贫困。

联合国也看到了大数据的可能性。2009 年，联合国秘书长潘基文发起了“全球脉动”（Global Pulse）计划。该计划作为一个创新实验室，旨在提高对大数据带来的机会的意识，并将不同的干系人聚集在一起，如大数据科学家、数据提供商、政府和发展部门人员。该计划的目标是帮助催化大数据工具和技术的使用，使政策制定者实时了解人类福祉和弥合缺陷，以更好地保护人口免受冲击。

除了联合国，世界经济论坛（World Economic Forum，简称 WEF）也在寻找大数据对发展中国家的机遇。WEF 准备了一份白皮书以探讨大数据的可能性，以及它给国际发展带来的新的可能性。世界银行也正在研究大数据，并开发了一个世界银行资助项目的位置地图，以更好地监控发展的影响，改善援助的有效性，并提高透明度和社会责任感。另外，国际援助透明度倡议（International Aid Transparency Initiative）也让有关救援帮助的信息更加容易被获取、使用和理解。当然，这些都只是诸多新举措之中的一小部分。

为联合国全球脉动计划领导全球战略合作伙伴关系和交流的阿努什·瑞玛·泰特沃希恩（Anoush Rima Tatevossian）称，大数据“为发展工具箱提供了新的工具，但也必须要考虑到它的力量和局限之间的细微差别”。

手机数据的作用

对于广大贫困人口来说,一部功能简单的手机是与网络的唯一互动交流媒介。虽然智能手机在发达国家中是常见的设备，但它们仍然只占全球移动网络流量的10.44%。另一方面，传统的手机占到了全球移动网络流量的78.98%（平板电脑占流量的10.58%）。幸运的是，对发展中国家来说，使用基础移动设备创建的数据存在大量的机会，比如可以识别需求、提供服务，以及预测和阻止与贫困人口的利益有关的危机。

例如，巴西一家初创公司Cignifi，开发了相关技术来识别移动设备的使用模式。这个系统能识别电话呼叫、文本信息和数据使用。依靠这些信息，它可以识别一个人的生活方式和其信用风险。Cignifi使用呼叫详细记录（Call Detail Record，简称CDR）来确定一个人的信用风险状况，从而捕获大量可以分析的数据，如时间、地点、通话人的位置、通话持续时间，等等。当这些数据得到正确分析时，能提供极其有用的信息。正如艾曼纽·勒托泽（Emmanuel Letouzé）在他的博客中所描述的，来自拉丁美洲的一个城市的手机呼叫详细记录可以预测出整个社会的经济水平。

呼叫详细记录并不是可以被使用的唯一移动数据。使用Facebook for Every Phone应用程序的1亿用户产生的数据是怎样的呢？发达国家的绝大多数Facebook用户很可能从未听说过这款应用程序，但确实每月有1亿活跃用户通过他们的手机（而非智能手机）来进行连接。所有这些有价值的手机数据都可以使用。当与其他数据集相结合时，它就可以帮助到发展中国家的公民。

业务用例

哈佛的社会系统工程（Engineering Social System）搜集到了一些令人振奋的用例。例如，大数据通过结合干旱、天气、移民、市场价格、季节性变化和先前产量等变量，可以预测食物短缺的可能性。

可以利用手机数据更好地了解贫困社区居民的动态，并开发相关的预测模型来为他们提供更好的服务。例如，可以使用 CDR 信息来描绘社区民众的变化，并引导水管建设，以惠及贫困社区的居民。在 CDR 上进行的时间序列分析与随机调查相结合，能够更好地洞见农村经济的动态，并为政府如何应对农村以及贫困地区的经济冲击提供见解。世界银行就是一个很好的例子，它使用大数据来确保药物有效配置，即在适当的时间将正确的药物分配给有需要的地区的人们。例如，一个名为"生命短信"（SMS for Life）的试点项目改善了抗疟药品在坦桑尼亚农村的一线医疗机构的分配，该项目将没有该药物的库存机构从 78% 缩减至了 26%。

大数据的催化剂作用

大数据可以作为一种促进长期持续发展的催化剂，但我们必须用长远眼光来看待它。单独的移动数据并不能够真正创造可影响发展中国家长远之计的机会。因此，更多的数据源是必需的，包括来自非政府组织的数据，以及公共数据和社交数据。

发展中国家里活跃着许多不同的非政府组织，它们都在做着非常有价值的工作，来消除贫困、减少疾病和饥饿。如果这些非政府组织在整个村庄、国家和大洲以相同一致的方式使用一个标准的移动应用（智能手机或平板电脑）来收集数据（一组预定义的指标），会怎么样呢？它可能会创造一个非常高水平的关于发展中国家正发生什么的概览。

如果非政府组织搜集的数据与公民携带的移动设备产生的数据、Facebook for Every Phone 之类的应用程序产生的社交数据、世界粮食市场的数据，以及（当地）政府的公共数据相结合，就能通过提供重要的见解来对贫困地区产生长期积极的影响。

当然，问题依旧存在：为什么在创建这样一个工具的时候，非政府组织需要进行合作？好吧，这个问题的答案很简单：如果你共享数据，你就可以使用这些数据。这将使非政府组织的工作做得更好。甚至，相同的数据也能通过私人部门进行分享，比如，快速消费品企业或者生产商想要更好地了解新兴市场，只有当私营企业也分享数据时，这才会发生。这已经发生了——它被称为“数据慈善事业”，世界经济论坛把它称为“鼓励企业分享匿名数据以供公共部门使用来保护弱势群体”。耐克公司是这种方法的先驱之一，它分享了它在整个供应链中使用的 57 000 种不同材料的数据。当然，政府也应该把它们的数据开放给公众、私营企业、非政府组织、记者和企业家们。当涉及开放数据时，肯尼亚是非洲的先驱之一，正如世界经济论坛的报告指出的：“2009 年，肯尼亚开放了‘开放数据门户’网站（Open Data Portal），政府分享了有关支出和家庭收入调查的 12 年的详细信息，以及卫生设施和学校的位置。”任何人都可以通过网络或者移动设备访问这个门户网站。

像发达国家一样，发展中国家的各国政府也应率先为分享和使用开放数据创造法律框架，以保护隐私和确保透明、简洁、兼容性和安全。此外，政府应该刺激所需的技术基础设施的发展，并创建一个个体和组织能够使用数据创造新工具和应用程序的环境。政府和企业可以组织黑客马拉松比赛来为贫困人口研发新的解决方案，这将确保数据可以通过不同的组织进行不同的更新，并对公民可行和有用。

然而，正如世界银行发表的一篇博文中所说的：“大数据也需要一个文化和政策的变化。”据艾丝特·杜芙若（Esther Duflo）和比吉特·巴纳吉（Abhijit Banerjee）对 18 个发展中国家进行研究的数据显示，这些国家的人们并非所显示的在忍受饥饿（研究显示他们获得了足够的食物），问题其实出在他们的食物不够营养。这意味着政府的重心不应放在提供或补助更多的基础食物，如大米和面条，而应该将重心放在提供或补助更多的营养食品。这个非常重要的见解是通过大数据显现出来的。

大数据为发展中国家消除贫困提供了很多机会，但它需要不同的组织共同努力来达到持久的效果。此外，相关机构必须确保数据的透明度和有效性。透明有助于提高人们对大数据带来的可能性的意识，确保数据的良好管理，以及减少官僚和腐败现象。数据的有效性将确保多个数据源可以融合，如 CDR 数据、开放数据、社交数据、政府数据、非政府组织和企业的数据，并创造有长期影响力的兼具高价值和高相关度的新见解。

传媒和娱乐产业

传媒和娱乐产业正在酝酿一个完美的转型。多年来，这个行业主要以它认为合适的方式发送信息和娱乐节目给观众和用户。广播节目是基于历史分析和主编认为的对听众最好的内容安排的。有了大数据，这些都在发生改变。在这个行业，不仅广告发生了根本性的变化，节目、电视剧、电影的制作，什么时候制作，为谁制作也都发生了变化。

要做到这一点，传媒和娱乐机构应当开始建立详细的、全方位的观众视图。它们可以使用大量不同的数据集来实现这一目标。行为分析可以帮助发现消费者接触点的（非）结构化数据中的模式，给企业提供有关不同类型客户的更好的见解。从人口、地理、心理和经济属性的分析中得出的消费模式，将帮助企业更好地了解和接近它们的客户。关于客户的精确信息可以从销售和营销数据中获得，包括促销信息、销售点数据和转化数据。

所有这一切都可以用来保留和获取用户，从而增加追加销售和交叉销售的机会，并提高网络转化率，改善终端用户的娱乐体验。当用户也连接了他们的社交资料时，传媒和娱乐企业就可以获得一个观众或用户的真实的全方位视图。

这些资料可以通过多种方式被使用。**首先，拥有这些详细客户资料的企业能通过提供针对性很强的广告来增加广告收入，这些广告相关性更强，所以广告客**

户需要支付更多的费用。广告可以在多平台上投放。当这些广告商开始挖掘所有的数据时，将会洞悉对观众来说，什么才是他们真正想要的。这个信息也可以围绕现有的节目以创造新的产品，或开发新的节目或电影。

其次，大数据还能在一部电影或电视剧开拍之前就预测它是否会成功。不同节目的历史数据，如用户在观看电视连续剧时暂停、前进、倒回、重放或停止的时间，都能提供有价值的信息。将电视剧或电影观众的详细（社会）资料与他们为电视剧或电影打上的众多标签结合起来，就能产生一条极其宝贵的数据流，从而提供一部电视剧或电影是否会成功的洞察力。最佳案例当属 Netflix 通过对其 3 300 万用户的数据进行分析来决定购买《纸牌屋》（*House of Cards*）版权。这些数据甚至帮助 Netflix 开出了比它的劲敌（包括 HBO 和 AMC）更高的价格。此外，Netflix 还通过数据分析得知，其大多数用户都喜欢以马拉松的形式观看节目，因此决定打破每次开放一部分剧集给用户观看的常规，一次性把《纸牌屋》的整季内容都开放给了用户观看。

由此可知，找出隐藏在数据中的观众不知不觉传递的信息，是传媒和娱乐企业从同行中脱颖而出的关键。这些公司需要知道：观众正处于生活中的什么阶段，他们认为重要的是什么，他们在寻找什么，他们向别人推荐什么且为什么推荐，是什么在激励和鼓舞着他们，他们在观看什么，以及他们在社交网站上怎么评论观看的节目。这些数据产生于任何渠道的接触当中，让传媒企业能够即时了解观众对于所观看节目的情绪。所有收集的信息可以通过机顶盒或智能电视提供一个个性化的电视体验，而内容是基于用户的资料来进行推荐的。

此外，大数据可用于优化多渠道广告宣传活动。消费者正在同时用多个设备进行观看，优化跨多个设备的广告活动将加强对商业性信息的传播。有了大数据，就可以了解哪些消费者使用了第二屏幕，以及何时何地使用第二屏幕。然后，正确的信息就可以通过正确的渠道进行传递。

体育业是娱乐行业使用大数据和第二屏幕来提升观众体验的很好的案例。在 2013 年 3 个网球大满贯赛事期间，IBM 通过让观众选出他们最喜欢的运动员、为运动员投票以及其他互动方式来获取每一个有效的统计。IBM 的 SlamTracker 项目是一个实时统计和数据可视化平台，它提升了预测分析技术，这也在澳网期间使用过。当观众在电视上看比赛时，移动应用程序会为其提供详细的统计数据。对观众而言，这是一个很大的进步，这些工具被应用到电视连续剧或电影上只是时间的问题。

时代华纳有线公司，使用大数据提升观众体验

时代华纳有线公司（Time Warner Cable，简称 TWC）是一个在美国 29 个州运营的有线电视电信公司。该公司成立于 1989 年，拥有超过 34 000 名员工和超过 1 400 万名客户。该公司采用了最新的技术提供各种各样的服务，包括视频点播、高清电视、数字视频录像、上网和其他超值服务。另外，消费者现在使用的许多不同的流媒体服务，如 Netflix 或 Hulu 网，都通过有线网络运营。

如此一来，TWC 就需要处理大量的数据，使用大数据工具在这些不断变化的媒体环境中导航，以调整其基础设施来适应客户不断变化的需求。通过利用用户提供的大量关于需求的信息，以及为定制广告创建详细的用户资料，TWC 获取了观众的指标。这会带来大量新的收入来源，帮助 TWC 这样的有线电视公司，它们正在见证用户转移到了互联网上。

个性化的广告

TWC 使用了大量的数据集来创建详细的客户资料。公司总裁约翰·吉尔曼（Joan Gillman）在接受《快公司》杂志的采访时说，TWC 结合了如房地产记录、人口统计资料和选民登记信息等公共数据集和当地的收视习惯，让公司的广告部可以进行高度精准的广告投放。

但是公司不仅注重个性化广告，还注重多渠道广告。随着数百万用户下载 iPad 应用程序，并在不同的设备上从不同的网络上接收数据，始终如一的体验是非常重要的。在得克萨斯州的一个试点项目中，TWC 通过有线电视、移动应用程序、社交媒体、互联网和其他平台同时确定了同样的客户。然后，公司使用大数据技术在每个平台上测量客户的交互，并按需调整在每个平台上的广告活动。对于用户来说，这意味着在所有平台上有一致的广告体验，这对 TWC 的客户来说是非常有价值的。

详细指标带来详细的信息

像 TWC 这样的有线电视公司，聚合用户数据是非常重要的。有了这些数据，它就能优化网络和节目。虽然 TWC 不记录观众收看的内容，但是它的确知道用户使用哪项服务的频率。这些数据为公司提供了什么样的客户受到带宽的影响以及怎样应对网络需求高峰等相关信息。

为了理解所有这些数据，TWC 使用了 Alteryx。它能让公司了解观众是怎样观看节目的，以及广告主是如何操作的。有了交互式的广告，TWC 就能将相应观众的位置映射到相关商店的位置。此外，由于有了数据分析，它能够通过随选电影（Movie-on-Demand）平台进行跨平台分析，来预测哪些家庭有兴趣看什么样的电影。这可以实现让合适的电影在合适的时间传送到合适的家庭，从而增加销售。

不断增长的数据量

TWC 在 15 个不同的市场运营，拥有超过 790 万名订阅用户。这些客户提供了大量的数据。为了存储所有这些数据，TWC 建立了自己的软件仓库。目前，它的数据库每天增长 0.6 太字节。这在大数据方面看起来并不多，但它足以让 TWC 为其客户打造量身定制的广告活动。

运行一家有线公司是一项昂贵的业务。随着这么多新服务和互联网电视的出现，有线公司不再能够确保成功了。因此，它们将必须通过创新来为观众以及广告主创造定制的体验。TWC 懂得，生成数据是成功过程中不可避免的一部分，而且它已经开始成功地使用大数据来发现新的收入来源了，并从而提高营销力度、改善网络基础设施。

石油和天然气产业

数十亿美元的石油和天然气行业使用大数据来优化流程，可以让数据集提供新的见解、进行更好的检测，并带来更多的收入。同样，使用大数据可以极大地增加石油和天然气的产量，以及提高安全性并降低环境风险。

帮助勘探新的油气

在石油和天然气开发期间，拥有 2D、3D 和 4D 功能的地震检测仪能够生成大量的数据。这些数据能够帮助发现新的油气资源，以及识别先前被忽视的潜在的生产性地震道特征。依靠多个并行处理平台，数据可以得到快速、准确的分析，影响新油气井收益的不同数据变量，包括生产成本、石油运输或员工、正常运行时间和停机时间的相关天气状况，等等，也会考虑进去。

大量钻井数据可以被实时分析和监控，基于天气、土壤和设备传感器数据等不同变量，来提醒员工可能发生的异常现象。这将能够实时预测钻井作业。

地震数据也能被用于判断新油井或先前忽视的油井中的油气产量。结合各种数据集，如从当地网站上获取的历史产量和钻井数据，能对未来的产量提供新的见解。尤其是当阻止了新的油井调查时，这些数据是非常有用的。当天气、洋流、冰流等信息加入到公共数据中时，就可以对未来的产量进行更加精确的预测。

在油井和地表安置传感器的另一个好处是，它能提供更多的关于钻井作业如何影响地震活动的信息。传感器越接近钻井活动，就能越早地检测到地震活动，然后把警报发送给那些可能受到地震影响的居民们。

优化生产

数据可以从各种来源中收集到，包括设备上的传感器数据（如压力、温度、体积、冲击和振动）、地质资料（如与理解地球表面相关的科学模型），以及天气数据（如风暴对钻探设备的影响）。这些信息可以用于在钻井过程中检测错误操作或者即将发生的失败。

附着在钻头和其他设备上的传感器可以被检测以判断设备的运行状况，以及预测机器即将出现故障的时间或需要进行维护的时间。当这些传感器数据与有关机器故障的历史数据相结合，就可以在全世界范围内实时监测所有的设备，以尽量减少设备故障所造成的影响。

所有的数据被搜集起来并进行集中分析，可以更好地了解在什么样的环境下什么样的设备工作状态最好。这能够让企业优化设备的使用状况，缩短延迟时间。设备上的传感器数据可以预测故障的发生，并能在这些故障可能影响操作之前提示需要检修。当这些数据被加入到企业的 ERP 中时，就可以在某个机器发生故障之前，新的零部件会被预订，而当数据显示工程师需要使用该零部件时，它会被准时送达。维护计划也能进行相应的调整，从而减少停机时间，降低库存量。

降低风险，保证安全

如果需要阻止任何重大的环境风险，各种来源的数据可以在钻井过程中实时检测异常现象，以便可以更快地决定关机。另外，智能相机中的可视数据可以显示实时发生的事情。算法能够识别出可能表明在线或离线安全漏洞的模式或异常值，然后，安全部门会接到警报，对世界上任何安全被破坏的地方采取行动。

大数据联手石油和天然气行业是一个强大的结合。正如壳牌公司显示的那样，除了油气公司能获得巨大利益，其他行业也会由于在这个行业中使用大量传感器而获得好处。

壳牌公司，使用大数据钻得更深

壳牌公司越来越多地使用大数据来改善其经营状况，并增加产出。在过去的两年中，该公司一直在其油井中放置装有传感器的光纤光缆。有了这些数据，壳牌就可以改善对油井的分析，并确定剩余的石油产量。这些超敏传感器帮助壳牌在油井中找到了更多的石油，而这些油井原本被认为已经采干了。这些由惠普研制的传感器产生的大量数据被储存在亚马逊网络服务一个私人部门内。仅仅在两年内，壳牌就已经收集了 46 拍字节的数据；仅在一口油井的第一次测试就产生了 1 拍字节的信息。了解到壳牌想要把这些传感器部署到大约 10 000 口油井内，我们所说的数据将达到 10 艾字节。这一数据量相当于 2013 年每天在互联网上创造的量。因为有了这些数据集，壳牌公司开始在亚马逊虚拟私有云（Amazon Virtual Private Cloud）上使用 Hadoop。从地震传感器接收到的所有数据都通过由壳牌研制的人工智能进行分析，并用 3D 和 4D 地图的形式展示石油储备。虽然这些分析是在云中完成的，但是可视化效果被立即提供给了在当地工厂工作的员工。

目前，壳牌拥有一个 70 人的团队在数据分析部门全职工作，同时还有几百个分散在世界各地随时可以加入的人员。这个部门由 IT、油气技术、数学和物理领域的专家混合组成。他们都为了一个共同的目标而努力，即在同一口井或新井中获得更多的石油。

虽然壳牌拒绝透露它具体是如何使用那些数据的，但是凭着那些数据，它做出了一些非凡的成就。壳牌和一些环保组织同意分享数据，该公司的首席技术官杰拉尔德·肖特曼（Gerald Schotman）解释说："在与环保组织进行头脑风暴时，我们注意到，我们能够帮助候鸟穿越撒哈拉沙漠找到水源。我们也会与关注鲸鱼迁徙的组织分享数据。"

公共部门

公共部门创造了大量数据，因此，使用大数据极有可能为政府节省大量公共资金。根据英国政府智囊团政策交流（Policy Exchange）机构的说法，通过更有效地使用公共大数据，政府每年将节省高达 330 亿法郎。麦肯锡估计，通过使用大数据，欧洲公共部门每年能创造 2 500 亿法郎的潜在价值。对公共部门而言，从减少税务欺诈到改善对公民的服务，大数据有很多可行的用途。

提高透明度，改善决策，降低成本

有了大数据，政府会变得更加透明，政府官员和公民为了遵守税法而要花费的时间将会减少。大量的政府税收代理机构存储了个人数据，而这些个人数据在整个公共部门都有备份。然而，公民还要一次又一次地填写政府部门已经拥有了相关信息的新表格。预填表格将能减少表格的错误并加快处理速度。瑞典税务局通过公民的个人数据帮助公民预先填写表格，减少了公民处理表格的时间。荷兰政府也事先用员工信息来填写年度税务表格以及银行账户信息。

当所有数据都存储在一个集中的位置时，政府官员就能够获取所有的信息。这将减少政府内部的错误和低效，并确保使用的信息的正确性，同时，所有的政府官员将有机会获得公民的最新信息。Accumulo 是由美国国家安全局开发出来的一种开源工具。各国政府都可以利用像 Accumulo 这类开源工具进行搜索查询，并获得相关结果。

政府开放其大部分数据库并鼓励信息自由流动，有利于提高透明度和建立公民对政府的信任。这能让公民知道政府在收集什么数据，以及利用这些数据做什么。共享这些数据集也将有助于政府开发新颖、创新性的服务，因为公民会帮助政府构建解决方案，甚至于政府还可以通过这些服务来赚钱。此外，透明度让公民能够监督和了解政府公款的使用情况，这将有助于督促政府官员明智地花费公款，否则他们将会失去选票。

那些经常去往他国出差的政府官员提供了一个很好的例子。通过使用一个基于大数据技术的智能出差与费用管理系统，政府可以对全局有一个明确的把握，包括哪些官员为什么目的去了何处，以及什么时间去的。要出差的政府官员可以使用这个系统，以了解这次出差是否非去不可，如此一来，就能避免过多的人出差到同一个地方，这样可以节省很多钱。

个性化的公民体验

通过分析非结构化和结构化的社交数据或者公共数据，政府可以快速响应事态的改变，并在公民有所不满或者需要政府采取行动时快速做出回应。碎片化和个性化可以帮助识别因为失业而需要帮助的公民，否则他们会成为弱势群体，而算法可以自动说明他们所需要的帮助。政府可以利用非结构化和结构化的在线数据，以及来自公民通话记录的语音识别数据，识别国民的情绪，了解他们对下至当地居委会上至国家的期待，以及帮助政策制定者制定和安排新的公共服务。另外，情绪分析还可以用于发现内乱的潜在区域，这样一来，如有必要，就能采取预防性措施。

在大选期间，这种个性化方法也能用于充分理解选民的期待，以及如何获得更大的当选机会。2012 年的奥巴马竞选就是利用大数据帮助政治家赢得选举的一个很好的例子。

减少税收和社保欺诈行为

税收意味着巨额资金和大量数据。通过大数据工具，各国政府可以最大限度地减少税收和社保欺诈行为。算法可以使用模式检测来发现实时发生的可疑交易。将不同地方数据集和国家数据集结合起来，可以提供与公民税收支付行为相关的见解。

大数据可以识别预示着欺诈行为的异常行为模式。模式可以用于创建资料以及能够识别可疑交易的统计参数，从而对可疑交易施行更加严密的监测。政府也能使用人口统计数据或社交数据来确认和判断可疑的异常值是否意味着就是在进行欺诈，比如针对社会安全的欺诈。

确保国家安全和健康

数据可用于揭示刑事起诉的趋势，并可以创建犯人资料来确定犯罪主体是否是低水平、非暴力犯罪人群或高暴力犯罪人群。司法系统中的官员需要了解暴力犯罪发生的时间和地点。拉斯维加斯警方使用算法来检测可能发生犯罪的城市街区。这些算法是建立在历史数据集和广泛的其他数据集之上的。基于很多不同的数据集，通过应用一种以信息为中心的方法，刑事司法系统的效率和有效性将得到极大的改善。当然，大数据工具能让政府监视国内发生的事情，并尽早发现可能预示着（数字的）恐怖袭击的恶意活动。政府可以收集、处理并分析来自政府自身网络的数据，以及公共数据资源，来保护国家免受袭击。

当存在洪水或者其他与天气相关的灾害时，大数据也能保护环境。天气、降水和气候数据可以和来自堤坝、湖泊和河流的传感器数据相结合，获得一个对当前自然状态的实时了解。例如，当堤坝即将溃决、村庄即将被淹没时，这些传感器就会显示出来，使政府能够采取预防措施。与更换或修复还不需要修理的保护壁垒相反，传感器可以帮助确定维护目标的保护力度，这将增加安全水平并降低成本。

荷兰的“智能堤”（IJkdijk）装满了传感器，它帮助研究人员了解水资源管理系统中复杂的信息流。智能堤是一个独特的国际测试机构，它在 2013 年让荷兰安装了四个 LiveDikes。这些 LiveDikes 配备了可集中监测的传感器，以提供有关这些堤坝状况的实时图片。

此外，大数据可以帮助政府预测流行疾病。谷歌流感趋势（Google Flu Trends）能比政府官员更好地预测有多少人在特定的国家或地区染上了流感。特定的搜索关键词是流感疫情的良好指标。谷歌流感趋势结合并分析这些搜索关键词，来近乎实时地估计全世界的流感疫情。像谷歌流感趋势一样，各国政府还可以分析电子健康记录，以及社交和搜索数据，来了解和预测与其他疾病相关的流行病。这将使政府能够更快地做出反应，从而提高医疗保健水平，同时降低成本。当政府拥抱大数据的可能性时，它们可以使一个国家更为有效和高效，降低官僚主义造成的成本，并提升服务水平。

奥巴马，利用大数据赢得选举

在 2012 年 11 月美国大选之日的前 18 个月期间，奥巴马竞选募集并花费了超过 15 亿美元。此外，有 1 000 多名受薪职员在为竞选工作，还有数以万计的志愿者。每天有 100 多名数据分析师在进行超过 66 000 次计算机模拟。竞选总干事吉姆·麦西纳（Jim Messina）设置的目标是"度量一切"。当时的想法是收集发生在竞选期间的任何事情以确保组织者能巧妙应对一切。据美国民主党全国委员会数据架构总监克里斯·维格奇恩（Chris Wegrzyn）所说，他们已经确定了三个主要途径来影响竞选的结果：

◎ 报名登记：增加合格选民的数量

◎ 劝说：说服选民支持奥巴马

◎ 投票人数：增加选举日的投票人数

每一个潜在的摇摆州选民被分配了一个从0到100的数字。基于三种不同的方式，有四种不同的得分来影响投票者：

◎ 他们会支持奥巴马的可能性

◎ 他们将出现在投票站的可能性

◎ 如果是一名反复无常的选民，他能被推往支持奥巴马的可能性

◎ 通过一次关于一个特定问题的谈话，某人被说服把票投给奥巴马的概率

这项指标是竞选活动的核心，并能影响传送给摇摆州选民的信息。在竞选期间，为了有效地管理它，他们把竞选团队分成了不同的渠道：

◎ 现场渠道（实地主动接近选民）

◎ 数字渠道（重点招聘工作人员和志愿者，以及筹款）

◎ 通信/新闻（重点是劝说）

◎ 媒体（重点放在通过购买媒体时间进行说服）

◎ 金融（致力于筹款）

然而，这些不同渠道的问题在于，数据管理是支离破碎的，并且很难获得一个概览。这个时候，大数据出场了。在2008年竞选期间，他们已经在新技术和新媒体的使用上学会了很多，现在是时候继续前进了。2008年，在竞选期间使用的新技术和获得的分析，让奥巴马的竞选团队能够建立一个空前规模的高效率程序，来评估现场工作人员输入的数据。然后，

他们进行了数据建模和深入分析。在 2012 年，他们建立了一个分析驱动的组织，和一个聪明人自由追求其（数字驱动的）想法的环境。

民主党全国委员会聚焦于三个方面：

◎ 体量：根据大数据的标准，收集到的原始数据的量是很小的。委员会在刚开始时只有不到 10 太字节的数据，但是，他们允许他们的分析师追求数字驱动的想法，这个数字在短期之内就增加了 10 倍。

◎ 种类：对民主党全国委员而言，许多数据源都是新的。由于时间跨度短，成员们没有时间建立 ETL 程序将它们很好地聚在一起。

◎ 速度：数据分析师、工作人员和志愿者高速创造新的数据，并且问题需要得到解决。

要解决这一切，民主党全国委员会决定使用一个大规模并行处理数据库 SQL MPP（Massively Parallel Processing）。它具有高速性、稳定性和可扩展性，这意味着可以轻松地应对民主党全国委员会不断增长的需求。

此外，民主党全国委员会建立了一个正反馈环路，从而使工程师可以在相互的基础之上工作。事实证明，这是一个强大的工具，它带来了意想不到的创新。例如，潜在的选民可能会收到一个定制的关于他们感兴趣的某个话题的新闻。这个信息被包含在数据库中，并使得定制化的相关邮件能发送给这些潜在选民。

零售业

实施大数据战略的零售商可以使利润增加 60%，并且让员工的工作效率提升 1%，这意味着有充分的理由继续推进大数据战略。零售业收集了大量的数据，因为在零售店或者在网上商城购买的任何商品都能产生数据，这些数据可以被分析以获得新的见解。在未来几年内，数据的总量将会呈指数级增长，部分原因是出现了新的数据源，如无线射频识别标签。无论大数据的目的是提供更智能的购物体验来影响消费者的购买决策，从而获得额外的收入，还是为客户提供实时定制产品，它都为零售商提供了领先竞争对手的机会。

个性化的购物体验

在任何一个行业中，可用的数据都可用于创建详细的客户资料，以细分市场和产品，诸如个性化的购物体验。一个全方位的客户视图将告诉零售商如何更好地接触客户以达到最好的结果，而地理位置数据（比如，使用 Twitter 上的地理标记、Facebook 帖子或有蓝牙功能的智能手机）可以让零售商了解在最恰当的时机提供一个定制化和相关的实时产品。这种优化后的客户接触瞬间，也可用于推荐合适和相关的产品。

零售商可以通过交叉分析店内与在线行为的互动，然后将其与人口统计数据、地理数据，以及线上、线下收集到的交易数据结合起来（如客户忠诚度计划），向消费者推荐产品，另外，不同数据集的结合将让零售商精确地找到特定产品的最可能购买者。这是通过使用社交媒体数据、购买历史、线上与线下浏览模式、博客空间或论坛、客户忠诚度和人口统计数据来完成的。

情绪分析会告诉零售商，消费者是如何看待它们的活动、发布的广告和可用的产品的。客户在网络上表达的内容将告诉零售商他们真正期待的是什么，并且让零售商优化他们的分类来适应当地消费者的需求和愿望。

准确的需求预测

零售商可以使用各种数据集，如网页浏览模式、行业广告购买信息、企业数据、社交媒体的情绪，以及新闻和事件信息，来预测下一个热点问题。使用客户交易、人口统计数据、购物模式、研究报告这些数据，就可以对本地区的需求和不同的渠道进行预测。当这些信息合并起来后，将帮助零售商以合适的量采购并发售正确的产品到正确的渠道和区域。此外，零售商可以通过评估最畅销的产品来提高出货量，依据季节性的实际销售来进行打折促销，停止购入滞销商品，并和供应链伙伴进行更加有效的沟通以优化库存。如此精确的需求预测将帮助零售商优化库存，及时交货，降低相关成本。

根据预测的需求，零售商可使用包含了天气、季节性和新闻数据的模型来为商店配备合适数量的员工。

创新优化的可能性

消费者的需求、竞争对手的活动和股东价值等数据可用来创建自动根据存货水平、需求和竞争来同步定价的模型。另外，新闻报道中出现的关于事件的市场信息和相关供应链信息也可以用于调整定价。

大数据技术还可以使零售商优化平面图。利用卖场内的智能相机，零售商可以深入了解消费者的动作和行为。除了相机，零售商还可以使用被动信息，诸如 Wi-Fi 或蓝牙数据，以监测整个存储活动，并确定最有效的运输模式。这可以指示哪个位置吸引力较大，哪个位置吸引力不够，并且可以用来改善产品的陈列和布置。对布局进行相应调整，可以建立一个收入优化平面图。

通过使用全球销售终端（百货商场、专卖店以及互联网销售）的财务数据、销售数据和存货数据，零售商也可以识别出那些能提高收入或降低成本的模式。

在这个竞争激烈的市场中，零售商需要做那些能够保持领先优势的事情。大数据技术可以帮助他们在经济上超越同行，同时提高客户满意度。

沃尔玛，让大数据成为自己的基因

沃尔玛在大数据为行业所知之前就已经开始使用它了。2012 年，该企业从经验性的 10 个节点转到了 250 个节点的 Hadoop 集群。与此同时，它研发了新的工具，将存储在甲骨文、Neteeza 和 Greenplum 硬件上的数据迁移到了它自己的大数据系统。目标是将 10 个不同的网站巩固在一个网站中，并在新的 Hadoop 集群中储存所有新的数据。

许多大数据工具都是在沃尔玛实验室研发出来的，该实验室是在 2011 年沃尔玛接管 Kosmix 后建立的。在沃尔玛实验室开发的一些产品包括社交基因组（Social Genome）、ShoppyCat 和 Get On The Shelf。

沃尔玛利用社交基因组，会给那些在网上提到过一款特定产品的客户或他们的朋友提供一个折扣。为了做到这些，沃尔玛结合了来自网络、社交媒体的公开数据和私有数据，如消费者的购买数据和联系信息。这就形成了一个有着上亿家实体和关系的巨大的、不断变化的、最新的知识库。它可以帮助沃尔玛更好地理解消费者在网上谈及的内容。沃尔玛实验室提到了一个例子，一位女士定期在 Twitter 上谈论电影，当她发出一条“我爱盐”的推文时，沃尔玛就能够明白，她说的是电影《盐》（*Solt*），而不是调料。

当研发社交基因组时，沃尔玛遇到了一些技术上的困难。随着常规的 MapReduce/ Hadoop 架构无法应对数据的数量和速度，沃尔玛开发了它自己的工具 Muppet。这个开源工具现在能跨越所有的集群实时处理数据，且能进行平行分析。

沃尔玛开发的 Shoppycat 工具能够基于朋友的爱好和兴趣为 Facebook 用户推荐合适的产品。它采用了社交基因组技术以及其他技术，以帮助消费者购买礼物送给自己的朋友。这个 Facebook 应用程序的一个有趣之处是，如果一个 Facebook 用户需要的产品在附近的沃尔玛商店卖光了，沃尔玛将指示该用户到另一个商店。

Get on the Shelf 是一个众包解决方案，它给予每一个人在大量消费者面前展示他产品的机会。在沃尔玛销售的最好产品有着一下子达到百万客户的潜力。消费者投票选择最喜欢的产品，超过了一百万票，最后，其中有 3 款产品现在在沃尔玛销售。此外，沃尔玛能够基于附近的消费者在社交媒体上谈及的内容来优化其商店的本地分类。

移动大数据解决方案

沃尔玛每星期拥有超过 2 亿用户访问它其中的一个商店，很明显，它正聚焦于移动端的发展。沃尔玛已经开发了数个 iOS 和 Android 应用程序，它们使用了最新的技术，可为消费者提供最佳的购物体验。沃尔玛随后开发了两个开源工具：Thorax 和 Lumbar。Thorax 是一个用来建设大规模网络应用程序的框架；Thorax 是一个 Java 构建工具，可以生成模块化平台的具体应用。

沃尔玛的大数据生态系统每天处理数太字节的新数据和数拍字节的历史数据，涵盖了从内部资源到外部资源的上亿款产品。而且，它每天分析超过 1 亿个关键词，来优化每个关键字的竞价。

沃尔玛对大数据的使用深刻地阐述了如果大数据被确实注入到一个公司的基因中，那么，一切都可以完成。

迄今为止，沃尔玛已经能够基于附近的消费者在社交媒体上谈及的内容来优化当地沃尔玛商店的商品分类。当沃尔玛结合所有的大数据成果和其移动端的成果时，就能够创建真正令人振奋的解决方案。沃尔玛也正在研发适用智能手机的店内移动导航，帮助消费者查取他们在社交媒体上谈论过的产品。当然，这将为已经是世界上最大的零售商的沃尔玛带来收入的增加。

电信业

如果电信企业愿意，它们可以深入了解有关它们客户的所有事情，包括什么时候他们在哪里、他们经常与谁联系、他们的日常习惯是什么等。这一切都要归功于越来越多的详细呼叫记录、位置数据、社交媒体数据，以及网络流量数据。由于智能手机和平板电脑的发明、新一代移动网络的出现，以及正在逐步实现移动互联网连接的世界，全球电信业经历了一次大规模的数据增长。能够有效利用大数据的电信企业将比同行表现得更好，它们的市场份额将大幅增加，而且财务状况将得到明显改善。

改善客户体验

因为欧洲政府需要，电信企业正在收集与客户相关的海量数据。其结果是，电信企业可以相对容易地利用其自身的数据（呼叫数据、地理数据、互联网的使用数据等）和来自社会网络的公共数据生成客户的全方位视图。有了一个如此详细的客户视图，电信企业就能用具有针对性的促销产品为客户提供高度定制化的体验。这些智能的、大规模个性化的、多渠道的营销活动，能够在正确的地点、合适的时机，用正确的信息找到企业的目标客户。客户智能、行为细分以及实时促销相结合，可以为电信企业增加销售量，提高促销的有效性，并在增加市场份额的同时降低成本。

当所有的相关数据都集中存储在一个平台上，而呼叫中心的代表可以访问该平台，那么必要的时候电信企业就能修改订阅客户的呼叫计划，由此提升客户满意度，并提高客户利润贡献度。另外，基于实时的使用模式，电信企业能够为客户提供新的定制产品或服务，这将为客户减少支出，从而提高客户满意度。

创新和构建更智能的网络

因为定位能力的提升和 4G 在世界范围内的应用，网络流量已经推高至两位数。因此，通过理解客户如何使用网络，什么时候使用网络和在哪里使用网络，电信企业就能够打造自动适应更高需求的优质网络。算法可以实时监测和分析网络流量数据，由此优化路由和服务质量，同时减少故障，并提升客户满意度。算法分析随着时间的推移，也可用于优化平均网络质量、网络覆盖范围以及网络部署情况。

对连接到网络的所有设备进行实时跟踪所获得的数据，可以与相关事件的公共数据集进行实时整合。如果一个事件推高了互联网或手机的使用，电信企业就可以实时了解这一信息，并在必要时采取预防措施。此外，网络中的传感器，例如天线中的传感器，可以对设备进行监控，并且在设备需要维修的时候通知相关人员。

另外，大数据工具可用于轻松识别问题，进行实时故障诊断和修理，并迅速解决网络性能问题，这将改善网络质量，降低设备运行成本。例如，当网络中的传感器突然检测到较高的电话漏接率，电信企业就能立即采取行动以降低电话停机时间并优化网络。

虽然实时、深层数据包检测可以用于优化路由，提升网络服务质量，但是在一些国家，包括荷兰，这种行为是被禁止的。电信企业曾对用户移动设备上的访问记录进行监测，包括他们访问了哪些应用程序或哪些网站——但当用户发现了电信企业这一行为时，一度引发了轰动。

减少客户流失率和降低风险

为了减少客户流失率，电信企业开始更好地了解哪些客户是具有影响力的，以及他们的（潜在）需求是什么。这可以为电信企业提供非常有价值的信息。例如，如果这些具有影响力的人中其中一人更换了自己选择的电信公司，那么将会引发多米诺骨牌效应。电信企业能够结合账单、漏接电话和情绪分析进行用户分析，如此一来，它们就能够提前了解即将发生的事情，从而减少客户流失率。当需要采取行动时，预测分析能自动通知电信企业及时采取行动，阻止其客户转而使用竞争对手的产品和服务。其结果是，电信企业可以及时提供量身定制的产品和服务。

大数据工具也可以用来减少客户或经销商进行佣金欺诈对电信企业造成的损失。在两个不同的位置使用相同的号码进行呼叫，可能意味着有一个克隆的用户身份识别（Subscriber Identification Module，简称 SIM）卡，这意味着欺诈。如果有必要，电信企业能够立即自动采取预防措施。此外，历史付款数据或呼叫数据记录可以用于实时检测和识别欺诈行为。

电信企业能够产生大量的用户数据，这些数据也能用于为第三方提供相关的和及时的基于位置的促销优惠以及其他服务。电信企业把它们掌握的数据出售给第三方企业或当地政府，为它们提供关于电信企业的匿名用户的信息，也是一个创收的好办法。对电信企业而言，大数据能带来很多好处，所以电信运营商应该即刻开始使用数据进行实验，以了解大数据带来的巨大的可能性和机遇。

T-Mobile 美国公司，一个季度内降低 50%的客户流失率

电信企业能够捕捉到人们的通话时间、通话时长、短信高峰出现的时间、网络的使用情况等相关数据。如果你和 T-Mobile 美国公司一样拥有 3 300 万客户，那我们就要严肃地说说大数据了。非常奇怪的是，没有多少电信企业将它们拥有的大数据投入使用。不过，T-Mobile 美国公司不同，它将大数据切实投入使用，并通过大数据战略，仅用了一个季度就让公司的客户流失率减少了 50%。

为了充分利用企业掌握的所有数据，T-Mobile 美国公司结合了大量用户数据，以及来自多个数据库和资源系统的网络数据。同时，T-Mobile 美国公司使用多种工具来存储、分析、搜索和可视化它掌握的所有数据。它的硬件是以 Informatica PowerCenter 为基础。公司使用 Splunk 在日志文件和 Tableau Software 中进行搜索以可视化所有数据。依靠这些技术，T-Mobile 美国公司开始使用与企业目标相连的六个“数据区域”：

◎ 客户数据区：为每一名客户提供一个全方位视图，来尽可能减小客户的不满意度。

◎ 产品和服务区：确定哪些产品和服务是由哪些人在什么时候使用，以此来推动创新。

◎ 客户体验区：确定与客户互动的渠道以及互动的时间，用于恢复和优化服务水平。

◎ 业务操作区：包含了所有的计费和记账信息，以及财务和风险管理数据，用于为优化和性能定义最好的区域。

◎ 供应链区：确定采购订单、发货和物流是如何操作的。用于在供应链中推动创新并削减成本。

◎ 网络区：存储支持管理的所有（原始）数据，用于推动创新和发展优质客户。

这些区域放置在一个虚拟环境中的物理数据存储和网络中。虚拟数据区可帮助 T-Mobile 美国公司识别复杂的系统、数据定义之间的差别或不兼容数据，还可以防止重复的内容或不正确的业务规则，并分散化规则管理。

但是，T-Mobile 美国公司是怎样解决客户流失率这个问题的呢？通过使用一个名为“部落”的客户模型。它基于这样一个事实，即一些人比其他人有着更大的影响力，因为他们与不同的（网络）群体有着广泛的社交网络与联系。如果这些客户中的一个客户更改了电信运营商，就会导致他的网络中其他人效仿更改电信运营商，引发多米诺骨牌效应。

对于每一个有影响力的客户，要计算出其额外的客户终身价值。这种新的客户终身价值将有助于T-Mobile美国公司确定其最具价值的客户。

一名客户的流失预期基于三个不同的分析：

◎ 账单分析：包括客户的产品使用情况，如使用频率、地点、使用了多长时间、呼叫了谁、给谁发送了多少文本信息以及连网使用的情况。如果越来越多的电话打往了一个不同的电信运营商，这可能预示着这名客户的网络正在转变，并导致他很可能会更换运营商。

◎ 掉话分析：如果一名用户迁移到一个不同的区域，并且数据显示该用户在新的区域只接收到了有限的覆盖，这时警报就会响起，同时，一名客户代表会提供一个新的电话或者一个自由移动的家庭基站来预防客户更换电信运营商。

◎ 情绪分析：包括预测客户即将采取的行为是什么，以及他们如何评价T-Mobile美国公司，这能让公司做出前瞻性的反应。

这些为了了解客户关心事项的不同分析被整合为一个集成的单一视图。该系统被称为“快速浏览”（Quick View），它能为代理商和零售商店提供多个相关联的关键指标，包括在一个屏幕上的片刻之间的客户终身价值。有关高价值用户的附加信息会被自动发送给代理商，以及客户专属的服务，如一个新的服务计划。

这种量身定制的和以客户为中心的方法使得T-Mobile美国公司的客户月度流失率显著下降。在2011年第一个季度流失掉差不多10万名客户之后，该公司在第二个季度将流失人数减少到了5万名。从那时起，T-Mobile美国公司专注于维护其忠诚的、高终身客户价值的用户，以及为其客户提供更加高质量的产品，从而带来更高的客户满意度，增加收入。

交通运输业

因为有了大数据，交通运输部门正处于模式转变的边缘。更加智能的运输将会提高运营效率，改善端到端的客户体验，减少燃料消耗并增加灵活度。物流公司已经在努力使用卡车中的传感数据来优化路线并降低燃料消耗。美国物流公司 US Xpress 在每一台卡车中安装了约 1 000 个传感器，用来检测驾驶员的去向、驾驶速度、刹车频率、必须进行保养的时间和驾驶员的能力。除此以外，交通运输行业还存在更多的机会。

优化货运和路径选择

加强出货和优化货运可以完成同一天的区域交付。准确地知道哪些产品位于哪个仓库，能够帮助亚马逊这样的公司在 24 小时内把正确的产品在合适的时间交给正确的客户。消除供应链浪费，分析交易水平产品详情，将确保货物的有效运输。

卫星导航传感器可以实时跟踪卡车、火车、飞机或轮船。通过使用道路状况、交通堵塞、天气预测、送货地址、加油站位置（考虑卡车的情况）等公共数据，可以优化路径选择。每当有来自总部的地址变更的信息时，它将被实时推送给驾驶员或船长。该系统将自动计算和优化出到达新目的地的最理想和最便宜的路径。

卡车、火车、轮船和飞机上的传感器也能实时提供有关交通工具的运行状况、运行速度、持续运行时长、停止运行时长以及更多的信息。所有这些信息结合监测引擎和设备状况的传感器，将能够预测故障，以及在不会浪费太多时间的情况下安排必要的维护工作。它甚至能够做到在最有效的位置自动预约维护，这样工程师可以立刻知道发生的问题和该怎样解决。

大型物流企业可以有数百台或者数千台卡车、火车、飞机或轮船。如果它们的使用没有被优化，那么这个公司可能会损失大量的金钱。依靠传感器数据，企业能够在任何时刻定位它们的全部运输工具，并了解它们的库存和目的地。这些信息可以帮助运输公司优化车队，提高工作效率。

确定现有库存

在途库存仍是企业存货的一部分，即便它实际上已经离开了仓库。企业在任何时候都能准确了解自己的库存情况是非常重要的，特别是需要在最后一刻改变库存情况时，那就更为重要了。当所有的产品都装上了传感器，人们就可以轻松地对产品库存进行实时跟踪，而且调整和盘点存货也会变得非常简单。

库存管理分析可以用于创建一个集中式的平台，它能为企业提供一个详细的有关发货与到达时间、订单减少情况的概览，同时企业基于这个平台能够为客户提供有关货运情况的详细信息。

提高端到端的客户体验

客户需要准确地知道他们的货物所在位置以及配送的时间。有了智能运输系统，货物托运人和客户就能基于该系统提供的货物相关信息，综合考虑各种运输方式、所需的成本、时间以及便捷性，来决定将他们的货物从起始点运送到目的地的最佳运输方式。一个包裹能使用多种运输方式进行运输，而通过智能运输系统，客户就能决定采用何种运输方式让他们的货物从 A 地运送到 B 地，因此，客户能实现对供应链和成本的更好的管理。

运输企业将能够形成一个全方位的客户档案，并基于此创建一个独一无二的企业视图。使用各种开放的、公共的和社交的数据流，以及公司收集的与客户相关的信息，运输企业就能够改善营销效果，并能够提升客户忠诚度，增加收入。

减少对环境的影响并提高安全性

运输企业可以通过多种方式降低燃料消耗。

首先，传感器可以监视发动机和优化燃料输入，与此同时，通过考虑天气条件、驾驶行为、道路状况和位置来进行路径优化，能节省大量的燃料。

其次，传感器还能监测驾驶员的驾驶速度，并判断驾驶员是否遵守了交通法规。传感器能监测到驾驶员是否离开方向盘太长时间或刹车时间太长。它可以让驾驶员保持清醒，从而防止事故的发生，同时监督驾驶员的驾驶行为。世界上越来越多的城市正在试验智能运输系统，这将减少环境污染并提高道路安全。澳大利亚的布里斯班市研发了一个城市交通网络的完整、实时的概览，它提供了一个平台，在一个稳定和实时的虚拟环境中来研发和测试新战略。这个平台能预测和减少城市交通拥堵，给通勤人和运输企业带来更多的幸福感，同时减少尾气排放。该城市还使用了可变车速限制和路面队列管理算法来提升高速公路的安全系数。随着客户日益增长的需求，即让他们的货物配送尽可能快且尽可能便宜，运输企业面临着严峻的挑战，但是幸运的是，它可以通过大数据来解决。

US Xpress，使用大数据来提高效率

US Xpress 结合了来自很多卡车系统中的 900 个不同的数据元素，比如用于检测汽油使用的传感器、轮胎、刹车、引擎运转、地理空间等数据，并将来自 8 000 台拖拉机和 22 000 台拖车的驾驶员的评论输入到一个 Hadoop 数据库中，对它们进行实时分析以优化正在发生的事情。田纳西州查塔努加市的 US Xpress 使用了几千亿份数据记录，每年节省的费用

超过 600 万美元。

这家公司创办于 2009 年，当时它的数据零散地分布在 130 个不同的数据库中。用于检测的大型机屏幕有 90 台，对数据执行一项查询需要花费数周甚至数月的时间。这些数据就像一团乱麻，因而毫无用处。US Xpress 知道，必须对数据进行清理、整合，才会帮助公司提高效率并节省开支。于是，它开发了一个一站式的解决方案，将所有不同的数据流融合到一个界面中，即 DriverTech 系统。

DriverTech 系统可以实时处理、分析来自数万个传感器的数据，并针对数据返回报告。有了实时的数据，US Xpress 就能够解读驾驶员的驾驶状况，为什么卡车停在原地却引擎空转，驾驶员怎样能够减少燃料消耗，以及这些都发生在哪儿。地理空间分析让 US Xpress 能够监测到实时动态，并将抛锚时间降到最少，因为员工知道卡车前往一个补给站进行维修或再装载的时间。

US Xpress 在卡车的驾驶舱中安装了 DriverTech 界面，驾驶员可以在界面博客上发表评论。然后，US Xpress 会将卡车数据和从驾驶员博客中收集的非结构化数据结合起来。这样，US Xpress 就能够通过发布改进后的新版本界面快速解决问题，特别是如果结合了驾驶员使用界面的记录，就能更迅速地找到问题。例如，新的触摸屏按钮显得太小，公司通过社交媒体了解到这一信息，就能立即做出必要的调整。

管理车队的一个重要方面是它的流动性。所有车队管理者都控制着几十辆卡车。现在他们每人都有一个 iPad，能提供他们想知道的有关他们所管控的卡车的实时信息。如今，US Xpress 已经拥有了自己的应用商城，驾驶员可以在上面下载各种应用程序来满足需求。最重要的是，管理者和司机都能实时掌握他们需要的信息。

为了从一个数据落后的企业转变为一个以信息为中心的企业，US Xpress 提出了一个 36 个月的信息管理战略，其中包括相继实施的 13 个战略项目。每一个新项目都建立在上一个项目成功的基础之上，从而保持了良好的发展势头。显然，US Xpress 制定并执行了大数据战略。对所有搜集到的数据进行分析并优化路径选择，让它在第一年就节约了 2 000 万美元的燃油费用。此外，如果驾驶员空闲得太久，US Xpress 就可以采取适当的措施进行疏导。经过这些努力，US Xpress 获得了多个科技奖项，包括 Ventana Research 颁发的 IT 行业领导奖，对一个货运公司而言，这是一个不小的成就。

旅游与休闲业

全球旅游业有望在 2022 年占到全球 GDP 的 10%，这意味着它的年收入会达到约 10 万亿美元。当大数据彻底落实到旅游行业的方方面面之后，这个庞大的行业将变得更为高效。在过去几年里，旅游行业已经采取了一些重大的大数据举措。对于很多消费者而言，没有大数据，旅行无从谈起，或者至少是单调乏味的。

旅游公司因其收集和存储大量数据而闻名。在旅行者旅行的每一个环节，它们都在收集数据，包括飞行线路、交易数据、客户数据、收益、住宿登记以及更多方面的数据。几乎每家酒店都有客户关系管理方案，另外，我们也不能忘了收益管理也是旅游业在几年前发明的。直到最近，所有的数据都只是被存储起来，且旅游公司难以将各种数据集结合起来加以实际利用。然而，有了大数据工具，这些信息可以用来提高用户的满意度和对服务的认可度，从而带来额外的收入和更高的利润。

超出客户预期

在旅游行业内，一个个性化的方法非常重要，而且旅游行业使用大数据的机会非常巨大。我们不妨看一下旅游网站的转化率：客户进行首次访问之后，92%

的客户不会回头，且其中60%的客户再也不会回头。全面的客户资料包括收集自社交网络（Yelp或TripAdvisor上的评论）、博客空间、（在线）调查、点击行为、预订系统和客户忠诚计划的数据。详细的购买历史、浏览历史、服务历史、披露的价格敏感度、已知或推断的人口统计数据，以及网上可以获得的其他信息，从中可以判断出驱动消费者的因素，不论是租车，还是预订酒店或航班。

即时分析所有这些数据和确定客户资料，将让旅游公司通过合适的渠道在合适的时间将合适的信息传递给合适的人。依靠这些，他们的转化率应该会增加。

在进行预订的时候，定制的信息能帮助客户决定选择哪一个渠道。例如，当数据表明，某客户喜欢能够俯瞰大海的海景房时，那么预订程序就会自动推荐这样的客房给这名客户。

数据也可以为酒店、会议中心或度假胜地（比如主题公园或赌场）预测和理解未来需求模式。通过结合财务数据、事件数据和新闻消息，房间价格可以被调整以反映预期需求。

因此，旅游业的挑战将是在游客旅行期间连接所有这些不同的平台、网站和产品。如果一名游客能够获得他的飞机延误信息，他就能把更多的时间放在工作和继续会议上，这难道不是很好吗？他所预订的酒店也将收到一条飞机延误的信息，知道了新的预期到达时间，并能准备一些点心来尽可能减小延误带来的影响。这将是真正的超出预期。

在线旅游，速度是关键

在线旅游，速度代表一切。如果一个在线回复花费太长时间，客户一般在几秒钟内就会离开，毕竟，还有很多其他的网站能提供完全一样的服务。每一家网站需要从各种来源的数百万种记录中进行筛选，如航班代理点或全球分销公司，并提供一个结果。那些能够处理得更快的网站将会获得更高的收入。一家德国旅游公司建立了自己的大数据系统，现在每秒能够处理 1 000 个查询，同时根据 20 个参数搜索 180 亿种产品，并在一秒内给出一个答案。

大数据也越来越多地应用于机场，比如，可用于实时统计当前人数，从而在周围的区域为预期的噪声污染生成热点地图，或在登机口可视化零售销售以查看游客走了多远。大数据在客运业的潜力是巨大的。

利用大数据，航空公司也可以更好地为客户服务。英国航空公司使用大数据开发了一个个性化的服务项目，叫作“认识我”（Know Me）。在客户旅行期间，它记录了尽可能多的信息并采取相应的措施。如果一名客户的袋子意外丢失，他可能会在下一趟航班上获得一次免费升舱的机会。

依靠大数据，这些定制化的服务可以在预订或办理住宿登记之前、之中或之后被实时推荐。

在数据密集型的旅游业，大数据提供了很多机会，包括基于合并不同数据集之后发现新的见解，以及研发新的、创新性的（在线）产品。旅游企业应该开始调查和实验大数据带来的大量可能性。

凯撒娱乐，大数据比博彩牌照更重要

凯撒娱乐以在拉斯维加斯和其他地方拥有大量奢华酒店和赌场而闻名，它已经成了一个以信息为中心的企业——在企业内部，数据推动决策制定。由于收集了大量数据，凯撒娱乐能够培养客户的忠诚度，比如顾客在赌场度过了糟糕的一天之后，酒店会为其提供免费的礼物制造惊喜。

凯撒娱乐的数据驱动战略基于整体回报方案（Total Rewards），该方案拥有超过 4 500 万名成员。所有的成员在他们整个旅行期间都被跟踪记录，从他们预订服务开始，一直到他们离开酒店或赌场。所有的数据都被记录和分析，并用于为客人提供优质服务。

由于其数据驱动战略，凯撒娱乐已经能够收回投入在客户身上的所有成本的 85%，而 2004 年仅为 58%。该战略也在客户行为方面给凯撒娱乐提供了有价值的见解。正如负责整体回报方案的副总裁约书亚·坎特（Joshua Kanter）所说的："大数据的重要性甚至超过博彩牌照。"

依靠所有这些数据，凯撒娱乐会非常有针对性地给予忠诚的客户一些福利，与此同时也就避免了在不能带来什么好处的客户身上花费太多的人力和物力。它的目标是为每一个到访赌场的客户建立准确的档案。赌场内的摄像头记录下了每一个人的举动。相比一个训练有素的玩家，一个瞎蒙乱猜的玩家更可能会输钱。凯撒娱乐把收集到的客户在赌场内的数据与客户旅行期间的数据进行了结合。这些数据包括客户旅行期间的住所地址、行程安排、用餐选择、赌博偏好，以及在凯撒娱乐名下的酒店和赌场内进行的其他活动相关的数据。凯撒娱乐对所有这些信息进行了存储、分析，然后用于为客户提供个性化的福利。一方面，基于这一切数据的分析结果，为了提高客户满意度，凯撒娱乐可能会为客户提供免费的晚餐或酒店房间。另一方面，跟踪软件也可以用来防止 75 000 名员工中的任何一人过于大方地给客户提供免费赠品。

凯撒娱乐也使用相同类型的分析程序来分析所有员工和他们家庭成员的保险理赔情况。凯撒娱乐的管理者能够跟踪员工使用医疗服务的许多不同变量。这些汇总的匿名数据可以帮助凯撒娱乐发现不同寻常的情况。例如，数据显示，费城的哈拉斯赌场（Harrah）的急诊室使用率明显高于整个公司的平均水平，于是管理者会提醒员工重视这一现象，然后这一情况就得到了明显好转，使用率显著下降。

未来会是什么样子呢？坎特希望现在赌场里随处可见的摄像头能够帮

助赌场预测人流量和确定瓶颈所在。然后，这些相关的信息能够通过客户的智能手机通知他们哪间餐厅或哪张赌桌满员中，需要等位，以及等位的时间是多久。

THINK BIGGER 本章小结

本章通过考察18个不同的行业，展示了大数据能为企业带来的可能性。还有更多的行业可能受益于大数据，从渔业到出版业——可以说各行各业都需要自己的数据、工具以及应用程序。有了大数据，几乎任何事情都变成了可能。企业需要利用自己的创造力来为企业找到最佳的大数据使用方式。

虽然针对不同的行业和企业，大数据用途不一，但是跳出你的企业或行业，大数据会帮助你拓宽视野，同时为你带来新的见解和想法。从其他行业以及其他公司的经典大数据实践案例中学习宝贵的经验，能让你更好地理解大数据带来的无限可能性，同时能帮助你找到超越竞争对手的制胜战略。

THINK BIGGER

大数据的隐私、道德和安全 07

【大数据实践】

App.net，不收集、不保留用户数据
恩斯赫德市，用大数据控制、管理人群

每一项颠覆性技术的出现都会引发新的问题。伴随大数据而来的新问题是隐私、道德和安全问题。消费者、企业、机构、政府都在收集、存储和分析数据，数据量越来越大，解决这些新问题就需要新规则。大数据带来了大责任。

在2012年TED全球大会的一次演讲中，马尔特·斯皮茨（Malte Spitz）声称，如果史塔西（Stasi，东德情报机构）像今天的政府一样对人民的活动了如指掌，那么柏林墙可能就永远都不会被推倒了。凭借现在的有效信息，各国政府就能找到社会上的专家和领导者。有了这些信息，你就可以控制一个国家。

2013年，爱德华·斯诺登曝光的“棱镜门”事件显示，在大数据时代，世界的隐私确实到了岌岌可危的地步。美国国家安全局将棱镜项目视作一个原始情报源，直接访问许多网站的服务器以获取信息，包括谷歌、苹果和Facebook。另外，斯诺登还透露，美国政府访问了中国公民的数百万条私密信息，英国情报局在2009年于英国举办的G20峰会期间监视了各国领导人，还偷偷访问了连接欧洲和美国的光缆。每天被监视的数据量高达3.9万太字节。这些丑闻让公众开始警觉，隐私突然获得了全新的含义。

对企业和政府来说，无论大数据带来多少好处，都不能忽视数据收集过程中涉及的隐私因素。它们必须及时详细规划大数据隐私需求，确保问题出现之前，这些需求能得到满足。就隐私而言，问题并不在于技术或它提供的可能性，而在于大量（匿名）数据。本质上，大数据就与隐私保护存在冲突，因为即使是匿名数据也能重新识别用户身份，只要这些数据足够有效。

事实将证明，传统隐私法规不足以保护身处大数据时代的消费者。许多企业都在发展大数据战略，为了适应这些企业的新需求，需要制定与隐私、安全、知识产权以及数据所有权相关的新政策。企业和政府都必须制定这样的大数据政策来保护消费者，并确保企业免受数据泄露困扰。

与隐私密切相关的是大数据的道德方面。每个人都在使用各种各样的设备、产品或应用来创造数据，谁拥有你的数据，以及这些数据被用来做了什么是讨论的重点。大多数时候，消费者并不知道企业用他们的数据干了什么，这种局面让消费者和企业都感到不安。为了确保消费者了解数据被拿来做了什么，以及他们可以提出哪些要求，本章将提出四条道德准则，供组织机构参考。

最后，安全问题是大数据的另一重要方面。大数据既能像美国政府就棱镜项目所声称的确保一个国家安全，或避免顾客、员工受到欺诈，也能成为一个彻彻底底的安全威胁。当有大量数据被创造、存储和分析时，出于各种目的，犯罪分子想要非法获得这些数据。2013 年，许多大型企业都经历了分布式拒绝服务（Distributed Denial-of-Service，简称 DDoS）的攻击，在一段时间内陷入了完全瘫痪的状态。更为严重的是，一些企业的顾客信息被盗。有鉴于此，企业必须执行必要的安全措施，并且准备危机预案，以防万一。

大数据隐私

欧盟在 2006 年实施的《数据存留指令》（*Data Detention Directive*）声明，所有电信、互联网服务组织保存顾客数据的时间为 6 个月到 2 年。其中包括电话、短信、电子邮件、访问过的网站、使用过的应用程序以及用户的位置。这些数据知道你在何处住宿过，对你的一切清清楚楚。

那么，大数据是否意味着隐私的终结呢？2009 年，谷歌前首席执行官埃里克·施密特（Eric Schmidt）在一次访谈中曾说道："如果你有什么事不想让任何人知道，也许你首先就不应该去做。"他的意思是，未来可能没有隐私可言。大数据已经造成了一些严重的隐私问题，解决这些问题意义重大。本书将重点讨论大数据如何影响消费者的隐私，以及企业该如何应对这些问题才能继续生存。至于政府将如何处理隐私问题，则不在本书讨论的范围之内。

大数据无处不在，而且随着越来越多的产品配备传感器，被收集的数据也将不断增多。由于量化自我运动的兴起，许多（免费）应用早已开始收集大量用户数据。据估计，60% 的美国人使用应用程序来追踪、记录自己的体重、饮食或日常运动情况。然而，在大数据世界里，没有东西是免费的。人们使用免费产品或服务，代价就是交出他们的数据；许多消费者都不知道这些数据为谁所用了。

今天，消费者享用的许多服务一开始都是免费、清白的。他们没有看到在使用如谷歌、Facebook 或近十年内出现的其他在线应用时的任何弊端。他们已经习惯了网上的一切都是免费的这一事实，所以不再愿意为这些服务付钱。他们已经为之着迷，即便知道存在潜在的安全问题，也无法从中挣脱出来。

十年来，虽然这些企业行动缓慢，但可以肯定的是，它们一直在存储和使用更多的数据建立消费者资料，同时不断推出更多"免费"的服务。正因为如此，消费者眼中的这些帮助自己联系朋友且免费提供信息工具的企业，正使用通过这些服务收集到的数据反过来向他们投放高度个性化的广告。

隐私或道德问题的影响目前还不明确，但是，消费者已经开始意识到这个问题了。由此发展出了一场运动，运动的支持者就是那些愿意用钱而不是用数据来交换服务的用户。App.net 就是一个很好的例子。这个网站没有广告，用户支付月费来享受服务。

企业能用这些数据做什么？表单的每一栏信息、每次点击、消费者多久使用一次某产品或服务、何时使用，以及通过哪种途径使用等所有信息都会被转换，然后运用到数据驱动型产品中，或者用于改善企业，或者用于提供更具针对性的广告。由于维持或打造服务的成本越来越高，广告也随之越来越多。投资者期望投资能够收获回报，上市公司尤其如此。Facebook 就是一个不错的例子。在 Facebook 的动态消息板块中，广告的空间变得越来越大。只要用户不认为这是对他们私密空间的侵犯，Facebook 就能继续显示更多的广告。Facebook 的图谱搜索（Graph Search）将使用更多用户的个人信息，并从第三方购买信息提升它的定向广告。

消费者用数据交换服务的效果不错，是一种有效的商业模式，几十年来，许多企业一直都在使用它。现在，消费者已经逐渐意识到了这种现象，并有能力对此提出抗议，因此，企业需要向消费者公开这些数据的用途。消费者必须要搞清楚使用这些免费服务的代价，也要更加小心地处理自己在网上的大数据“足迹”。

实际上，消费者应该将每个数据点当作自己和服务供应方之间的经济交易，企业必须保证它公开透明；而消费者需要仔细查看每个网站的使用条款、协议和隐私声明，同时也应该定期检查社交网站上的隐私设置。

幸运的是，越来越多的网站开始建议用户如何将隐私设置调整到合适的水平。但是另一方面，还是有很多企业把消费者了解自己数据的用途弄得很麻烦。一些企业也许认为有一个隐私政策就足够了，但是即便消费者阅读隐私政策，也无法理解其含义。企业不仅应该告知顾客他们的权利，也应该避免这些“数字移民”（Digital Immigrants）①无视隐私政策，或在不清楚其含义和其条款的情况下就选择接受该政策。

因此，企业要十分清楚收集的是哪些数据，以及用它们来做什么，而且，应该简单明了地告知顾客。试想，谁会花费约 45 分钟去阅读一份 1.1 万字的隐私

① 是指在面对数字科技、数字文化时，必须经历较为艰难的学习过程的一批人。——译者注

政策呢？即使平均下来只有 2 500 字，也几乎没有人看过。企业需要公开它们收集了哪些数据，为什么收集这些数据以及有什么用途，这样用户才能真正决定是否愿意使用该服务或产品。

另外，企业也可以向用户提供不收集或保留数据的服务。在这种情况下，用户将为之付费。这种方式已经过了验证，App.net 的成功就证明了这一点。2013 年，它的付费用户已经超过了 10 万。为消费者多提供一种选择，他们就会选择你的公司。

匿名人士的重新识别

大数据带来的另一个威胁是对使用匿名数据的人们进行重新识别。如果这个问题处理不当，你的公司就会损失顾客。要想重新识别隐藏在大数据集中的个人身份，你只需要一个笔记本电脑、Wi-Fi 和相互关联的各种数据集即可。有了这些工具，任何人都能着手挖掘数据集中的个人可识别信息（Personal Identifiable Information，简称 PII）。这看上去简单，实则非常困难，但是并非不可能。怀特黑德研究所（Whitehead Institute）的一项研究显示，该研究所的研究人员成功重新识别出了 50 个向千人基因组计划提交个人 DNA 信息的参与者。

怀特黑德研究所的研究人员注意到，儿子的姓氏和 Y 染色体都来自父方，所以他们选择分析保存有 Y 染色体短串联重复序列和姓氏的公开数据库。他们将公开数据集和人类多态性研究中心收集的数据集结合在一起，从这些去识别化的数据中识别出了 50 位男性和女性。随着越来越多的公开数据集放开使用权限，重新识别个人身份会对大数据和开放数据集的使用构成威胁吗？如果有人使用你公司的数据集重新识别出匿名人士的身份，这会对你的公司产生什么影响？

个人身份的重新识别会导致隐私问题，因为本不应公开的信息会被泄露出去。马萨诸塞州州长威廉·韦尔德（William Weld）的身份被重新识别的事就引发了一场轰动。2010 年，麻省理工学院研究生拉坦娅·斯威妮（Latanya

Sweeney）利用马萨诸塞州团体保险委员会公布的用于提升医疗水平、控制成本的数据集和一份选民名单，使用一些简单的策略就重新识别出了韦尔德。最后，这项研究催生出了美国《健康保险流通与责任法案》（*Health Insurance Portability and Accountability Act*，简称 HIPAA）中的去识别化条款。

个人身份的重新识别也可能会导致严重的后果。比如，如果私人健康信息被还原，就会因此出现歧视、窘况，甚至是身份盗用。想想医疗记录会对争夺孩子的监护权产生什么影响。正因如此，HIPAA 规定，数据公布之前必须清除 18 项特定的标识符。不幸的是，这并未能阻止人们重新识别大数据集中的个人身份信息。

另一个有名的例子是埃尔文德·纳拉亚南（Arvind Narayanan）对 Netflix 公司的数据集进行了重新识别。Netflix 公司为了改善它的电影推荐引擎，组织了一场竞赛。纳拉亚南和团队在研究中使用了竞赛中用到的公开数据集，这让他们能够重新识别出匿名数据库中涉及的身份信息。这项研究引发了一场对 Netflix 公司的隐私诉讼，结果 2010 年，Netflix 公司取消了第二次比赛。此外，还有研究人员重新识别个人身份的例子。如果研究人员是出于好意，似乎也可以理解。但是想象一下，如果居心不良的黑客也开始做这种事情呢？这将会对你的顾客非常不利，而对你的公司来说，则更是一场灾难。

在将数据集向公众公开之前，企业最好先做威胁分析，也就是说，查看网上可用于重新识别相关人员的有效数据集。不过，正像纳拉亚南说的，这并非 100% 安全的解决方案，因为未来的数据集仍然可能出现匿名的问题。为了解决这个问题，避免类似 Netflix 这样的情况再次发生，纳拉亚南提出了两条规则：

◎ 使用少量虚构的数据，供第一轮竞争者开发保护匿名信息的代码和算法。

◎ 在向入围决赛的选手公布完整的数据集之前，先让他们签署保密协定。

话虽如此，但是在如此众多的数据集中重新识别出个人身份的可能性有多大？需要付出多少努力呢？2007 年，拉坦娅·斯威妮博士报告，根据 HIPAA 标准，匿名数据集中的 0.04% 的美国人可能会被重新识别。客观来看，这一风险稍高于人的一生中被雷电击中的概率，即 1/6 250。

所以，只要像 HIPAA 所规定的那样重视必要的防范措施，消费者或许就无须对重新识别这回事太过担心了。也许，消费者应该将它看作是生活中的一部分风险。如果我们不愿意接受这种风险，就应该完全放弃对公开数据集的使用吗？然而，就像哥伦比亚大学流行病学家和统计学家丹尼尔·巴斯 - 琼斯（Daniel Barth-Jones）解释的："如果我们停止使用和分析去识别化的数据，就可能丧失重要的社会、商业、教育福利，以及创新机会。"

除了被重新识别的风险小外，确定公开数据集中的个人特征也相当困难。巴斯 - 琼斯在 2011 年的一项研究中写道："每次攻击必须根据特定去识别化的数据库和数据收集时的人口进行定制。"此外，科罗拉多大学法学院副教授保罗·欧姆（Paul Ohm）向我们保证，可靠的重新识别需要大量的人手、大量的时间、严格的数据管理和统计技巧，而且，它也没有电脑病毒那样易传播、易转移的特点。

当然，这并不意味着公司可以忽略重新识别的风险。科学技术始终都在进步，包括重新识别技术。消费者留在网上的数据痕迹越来越多，如果不采取相应的措施，重新识别个人身份将变得愈加容易。比如，2012 年，Facebook 在欧洲监管部门的要求下关闭了面部识别功能，这样的措施是有必要的。试图违反隐私法规的公司始终都存在，黑客也会使尽各种手段查找信息。因此，公司应该持续评估和提升去识别技术以及重新识别管理技术的水平，确保未来公开数据集也可用于推动创新，为公众提供优质服务。

为何大数据隐私将需要自我调节

技术进步历来就会引发许多关于它对社会能否产生威胁的激烈讨论。15 世纪人类发明印刷机的时候，教会将未经他们许可而又轻易能获取到的书籍视为对他们控制人们学习的威胁。受人尊敬的瑞士科学家康拉德·格斯纳（Conrad Gessner）曾担心印刷机造成的信息过载会迷惑人心，对人们不利。18 世纪报纸的普及也曾引发人们相同的担忧。法国政治家马勒泽布（Malesherbes）曾忧心报纸会让读者变得孤立。19 世纪，教育得到进一步普及，一些人把它视为影响心理健康的一种风险。同样，批评者认为广播会让小孩分心。后来，又有批评者认为电视机会对广播、交谈、阅读和家庭生活模式产生不好的影响。

自从互联网出现以来，我们听到了更多类似的怀疑：电子邮件会损害我们的智商，Twitter 可能会危害我们的道德价值观，Facebook 甚至可能加大患癌症的风险，谷歌会让我们变傻。现在，大数据时代又让我们担心失去个人隐私。

毫无疑问，大数据技术可以跟踪我们在任何时间、任何地点的一切行为，但是这并不意味着企业能使用这些数据为所欲为。我们知道，“X 世代”和“婴儿潮世代”的人都特别注意保护自己的隐私。“Y 世代”的人也在有意识地保护自己的隐私，正如达娜·博伊德（Dana Boyd）2013 年在 TechKnowledge 会议上演讲时指出的：“只是因为他们想融入大众，并不意味着他们放弃隐私。”

那么，如何才能保护消费者的隐私呢？这个目标的实现涉及三个不同的群体：政府、企业和消费者。首先来看政府。在大多数国家，现有隐私法律从 20 世纪七八十年代就开始存在了，当时，万维网尚未问世，我们还在使用座机进行联系。这是积极的一步，但是制定新法律需要时间，而且这些新法律也多半不能达到预期目标。荷兰的《信息记录程序法》（*Cookie Law*）就是一个好例子。这项法规完全没有达到目标，并且不到一年就被修改了。起初，这项法规规定，企业必须在访客明确同意的情况下，才能在访客计算机上安装信息记录程序。许多企业并不照办，消费者也为进入网站需要多次点击而感到厌烦。可以理解，政府无法跟上技术革新的速度。正因如此，法律刚被通过就已经过时了。即便这样，我们也不能且不应阻止技术进步，以期和法律制定的速度保持一致。另外，“棱镜门”

事件告诉我们，政府本身并没有非常严格地保护公民的隐私。

所以，我们不能依赖政府。幸运的是，另外两个群体可以管理大数据隐私。没有消费者，企业就无法生存，但是没有企业，消费者照样能生活。人们越来越富有创造力，对企业的依赖度也越来越小，就像 instructables.com 网站所证明的那样，用户可以创造自己的产品。此外，正处于发展中的 3D 打印市场，最终能让消费者打印出他们起居室内所需的一切。因此，企业必须遵守一定准则，承诺不会保留消费者的隐私，否则将被消费者抛弃。

如果有企业决定不遵守规则、不尊重顾客隐私，那么一旦出现问题，它就会倒闭。消费者的力量随着社交网络的发展而增强，因为抗议很容易就能组织起来。只需几天，就能聚集一大群消费者，他们可以联合抵制任何不遵守规则的公司。现如今，转移成本并不高，消费者可以直接选择其他更好地保护个人隐私的公司。即便没有更好的选择，最终也会出现一家企业来填补这一空白。

真正的问题是，一些公司滥用收集到的数据却没有被发现，这样它们就能继续侵犯顾客的隐私了。这可能导致重大的灾难，从而对消费者的生活造成损失。不过，如果灾难发生，公司却不立即做出恰当的回应，那么它很可能会迅速破产。最终，决定权回到消费者手中，他们可以要求公司遵守道德准则。

新技术往往都是反复试验的结果，所以未来我们将会面临一些灾难，而挑战就是尽可能减轻和避免由此造成的破坏。如有必要，消费者和企业应共同促进法规的实施。然而最终，将由消费者来决定社会的形态，以及哪些企业可以参与进来。第一个由于侵犯隐私而被淘汰的企业将对其他企业起到警示作用，受其影响，其他企业就会进行自我调节。所以，如果未来企业想要生存下去，就必须接受大数据道德准则。

大数据道德

大数据让企业能够查看、管理和了解一切信息，但是，了解一切信息就必须为顾客着想，并承担保护顾客的责任。这种责任要求企业要竭尽所能地保护（敏感）数据集，明确公开这些数据的用途。另外，企业只能授予部分内部人员访问敏感信息的权限。在荷兰，医院内部人人都能访问敏感的电子健康记录，甚至包括一般行政人员和实习生。比如，他们中或许有人想看看邻居的病历；或许某个实习生出于好奇，也想了解一位同学接受精神病治疗的原因。如果企业内部能够落实正确的道德规范，就能很好地预防这些严重侵犯隐私的行为。

大数据所有权

随着数字宇宙飞速发展，这些问题将变得更加突出。我们不仅需要知道这些数据如何被保护，也要清楚谁拥有这些数据。每个人都要对这种数据增长负责。消费者每天都通过智能手机、平板电脑、笔记本电脑和台式电脑在网上点赞、写微博、评论、分享以及发布信息，但是，他们往往没有意识到，自己的信息是共享的。

许多人都使用社交网络上自动分享数据的应用程序，来分享运动、睡眠、饮食之类的数据。然而，很少有人询问拥有这些数据的是谁。Facebook、Twitter、Foursquare 以及其他任何社交网站上的分享，或者使用谷歌、Live 发送的电子邮件，或者云端的个人文件也都是如此。

一旦有数据上传到网上、云端或社交网络，就会立即被复制、转发、缓存、备份，再想删除就几乎不可能了。它会永远保存下去，久而久之，数据的所有权就模糊了。尽管谷歌为用户提供了删除数据的选项，但是它仍然拥有该数据，正如 Facebook 一样，也许根本就不会真正删除数据。

大数据经常被人们描述为未来的“石油”。如果真是这样，我们倒可以将它和“过去的石油”比较一下。拥有大量石油矿藏的国家都通过开采石油并向世界各国出售，挣了不少钱。它们在自己的国界内拥有石油。对于谷歌、Facebook 和 Twitter 之类的大公司收集的数据，同样也可以这样说，它们将数据存储在自己的数据仓库中，因此拥有那些数据。消费者也许忘了，他们是自愿将所有数据交给这些公司的。毕竟，世界上没有什么是免费的，用户用自己的数据换取了这些“免费”的工具。

今天的消费者清楚哪些公司收集哪些数据吗？他们知道数据的用途吗？是否有人明确告知过他们数据出售的时间和对象？他们知道拥有数据访问权限的是谁吗？尽管企业的条款和协议也许已经包含了这些内容，但是少有人阅读。所以，消费者对他们的数据并不知情。有鉴于此，必须有相应的国际法律、法规和宣传活动来保护消费者。

数据可移植项目（Data Portability Project）就能发挥这种作用。它的目的是让消费者能够在互操作的应用程序中再利用他们的数据，同时管理自己的隐私和尊重别人的隐私。这个项目是要让消费者了解他们的数据的情况，引导他们选择尊重数据权限和隐私的企业。

大概，最大的问题不在于谁拥有数据，而在于谁有能力分析、可视化处理和转售数据。毕竟，原始数据用处不大。将数据转变为信息和知识的能力才是关键，谁能让数据发挥作用才是关键。

在数据和信息所有权方面还有许多问题有待明确。除非国际标准和法规解决了这些问题，否则企业必须确保消费者清楚它们想要什么。显然，我们需要有一些道德准则。

道德准则

大数据拥有巨大的潜力，但是企业如果不做好应对大数据时代的准备而贸然行事，就会出现许多道德和隐私方面的问题。企业应该熟练掌握大数据技术，此外别无他法，而目标就是开拓更好地使用这一前所未有的计算能力的方式，使之为我们服务，同时避免侵犯他人的隐私或违反道德准则。

但是，道德并非唯一需要讨论和解决的问题。根据凯捷咨询公司（Cap Gemini）前分析师、《大数据伦理》（*Ethics of Big Data*）的作者科德·戴维斯（Kord Davis）的说法，我们也应理解和认同涉及大数据隐私、身份、所有权和可靠度的规则，这一点非常重要。戴维斯认为，这将是一个漫长的发展过程，需要反复试验。企业将会冲破束缚，政府也会打破规则，例如“棱镜门”事件。

此外，还有一个问题。各国政府都会制定自己的大数据法规，但标准不一，有的宽松，有的严格。各国这些参差不齐的隐私法规对企业而言，将是一个大麻烦，需要投入大量的成本。一些国家可能没有限制，而其他国家可能执行严格的限制。

最好的解决方案是制定全球性的、应用广泛的大数据隐私和道德准则，但这是个艰难而漫长的过程。因此，企业必须了解其中的限制，了解消费者想要保留多少隐私，以及想要放弃多少隐私来交换免费服务。

因此，本书提出以下四条大数据道德准则：

◎ 彻底透明化
◎ 设计简单
◎ 准备和安全
◎ 让隐私成为基因的一部分

彻底透明化

企业应该实时通知消费者哪些数据将被收集和存储，以及该数据的用途。消费者想了解真相，至少要感觉到事情都在掌握之中。如果数据非匿名或者消费者单纯想要删除数据，应允许他们删除。如果你想提供免费的服务，就要确保这些服务诚实透明，这样你的（潜在）顾客就能知道他们能得到什么，以及使用该服务时会发生什么。如果可能，也要创建一个付费的版本，不收集任何数据，但是提供相同的服务，这可能意味着你的公司能从中获得额外的收益。

设计简单

消费者应该能够调整隐私设置，自主决定他们想要分享的内容、时间和对象。这个过程应该简单明了，即使对数字移民也同样适用。切勿隐瞒如何更改隐私设置的信息，而是要引导消费者如何根据自己的喜好调整设置。隐私条例应简单、直接、易理解。Facebook 就是一个很好的反例，它每过几个星期或几个月就会更改隐私政策。尽管调整设置是可以的，但是有时难以找到正确的方向。而且，Facebook 在 2013 年发布的隐私政策比美国宪法的篇幅（4 543 字，不包括修订条例）还要长，有 5 830 字。

准备和安全

随着你的公司收集和存储的数据越来越多，它对犯罪分子的价值也就越来越大，他们会出于非法目的想占有数据。企业需要制定危机策略，以防黑客入侵公司盗走数据。这种现象近来时有发生，2013 年，Facebook、Evernote 和 LinkedIn 就曾遭到黑客攻击。或者可以采用更好的办法：用虚拟黑客入侵检验你的数据科学家和 IT 人员，下一节将对此做一些介绍。

让隐私成为基因的一部分

如果你的公司具备了透明、简单和安全的优点，消费者就会选择它。相反，你忽视这些原则，最终消费者会抛弃你。这是一个简单的事实。所以，有必要聘请一位负责隐私和道德方面事务的首席隐私官或首席数据官，让他来负责你收集、存储、出售或分析的一切数据，以及如何收集这些数据。大数据隐私和道德非常重要，必须由企业高层讨论决定。

适当运用大数据战略，包括结合和分析合适的数据集，并在决策中使用它们，将有助于你公司的发展。遵循正确的方式，则能帮助你的公司保持长期发展。因此，着手制定大数据战略之后，要将大部分时间和精力放在这四条原则上，最终你将会获得回报。

如果我们回顾以上讨论的道德的不同方面，就会发现它们都是彼此相联系的。如果你想认真对待大数据隐私和道德，就必须用联系的观点看问题（见图 7-1）。

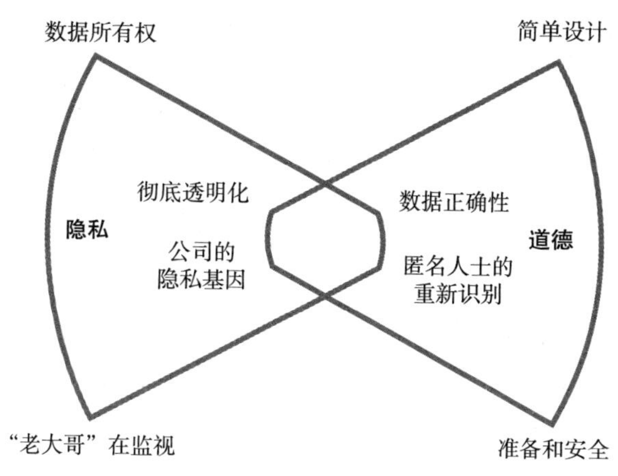

图 7-1　隐私和道德框架

大数据安全

在史蒂文·李维特（Steven Levitts）和史蒂芬·杜伯纳（Stephen Dubners）所著的《超爆苹果橘子经济学》（*SuperFreakonomics*）一书中，作者宣称，如果自杀式袭击者想不被察觉，就应该购买人身保险。作者带领读者分析了恐怖主义的特征，他们指出，缺乏人身保险就是恐怖分子的特征之一。因此，聪明的恐怖分子会买份保单，避免被发现。英国情报局使用各种标准细则（有些已知，有些未知）来识别可能的恐怖分子，而要对全部人口进行这种包括各种标准的分析，只能借助大数据技术和算法来完成。因此，多亏了大数据，国家才能变得更加安全。另据报道称，美国政府使用大数据分析了数百万美国人和非美国人的在线行为。美国官员透露，棱镜项目中的数据帮助避免了 50 次可能的恐怖袭击。2013 年，英国《卫报》发表文章披露了美国国家安全局直接从美国公司的服务器中收集数据，比如谷歌、苹果、微软和 Facebook。该文章称，美国政府通过棱镜项目收集电子邮件、搜索历史记录、查看传送文件、阅读即时聊天记录等。该事件的真假以及恶劣程度如何都不在本书的讨论范围内，但是它显示了大数据技术有能力帮助政府分析网上发生的事情，从而保护国家安全。当然，这个并不新鲜，政府收集公民的数据已经有许多年的历史了。

大数据主要通过影响两个领域来提升安全。在未来几年里，它将会对全世界管理和处理安全的方式产生重大影响。一些方法合乎逻辑，另外一些则可能会引来争议，但是毫无疑问，大数据将影响我们看待安全的方式。

企业安全

现在，企业正徜徉在安全数据的海洋中。在 2012 年的美国信息安全大会（RSA Conference）小组讨论中，杰富瑞投资银行（Jefferies）的首席信息安全官拉明·萨法伊（Ramin Safai）曾说，他的投资银行拥有 5 000 名员工，每天能捕捉到 25 吉字节与安全相关的数据。面对铺天盖地的数据，他们通常发现有 50 项需要仔细检查，而最终证明其中只有两项需要真正重视。根据 EMC 发布的一份白皮书显示，47% 的企业每月收集、处理和分析的安全数据超过 6 太字节。收集数据并不是问题，大数据对企业安全的影响也是多方面的。

大数据可用于侦查欺诈或犯罪活动，并监控企业内部的危险员工。在大型企业内部，监控所有员工的行为尤为困难，然而，借助合适的大数据工具，企业就能在不侵犯隐私的情况下监控员工。这些工具能通过分析全文本电子邮件或进入沟通渠道，来查找异常情况或有欺诈行为的模式。不过，仅当工具指示出现了真正需要关注的问题时，管理者才可以介入。毕竟，公司确实都想保护（知识）产权，防止心怀不满的员工将敏感数据公之于众。

大数据也有助于防范顾客的欺诈行为。犯罪分子都想骗钱或免费享用服务，包括保险、税收和失业救济金诈骗。就拿保险来说，有了大数据，公司就能预防、预测、识别、调查、报告以及监测保险诈骗的企图。通过使用大量历史数据，公司能辨别哪些活动正常，哪些不正常，然后将该数据和正在发生的行为进行实时比对。如果大数据与模式分析相结合，就能帮助识别离群值，并立即进行处理。预防欺诈本身就是一笔大业务。美国保险信息研究所估计，美国每年因保险欺诈造成的损失为 300 亿美元。

防止黑客入侵和保证收集到的数据安全是企业最重要的任务。不幸的是，始终有犯罪分子觊觎敏感数据，比如信用卡信息、银行账户和密码，或者电子货币。2013 年，黑客入侵事件引起了很多人的注意，比如 Facebook、Adobe、LinkedIn 和 Evernote 都有大量密码被盗。借助正确的大数据工具，企业发现网上异常或入侵者的能力将会大大提高。

企业应该创建一个智能驱动安全模型，其中要包含一个展示企业及其所面对的风险的全方位视图。再结合正确的安全信息与事件管理（Security Information and Event Management，简称 SIEM）解决方案，企业就能收到针对网络硬件和应用程序产生的安全警报的实时分析。此外，还有多项安全情报和分析措施可用于确保企业内部所有数据安全。

要阻止网络攻击，首先必须有所察觉。大数据安全技术的一个好处就是，能让企业准确监视当前通过企业网络的是哪些文件、应用、文档和用户，还能监测到哪些数据传输了出去，哪些数据传输了进来，以及它们的来源、去向和时间。所有这些数据都可用于实时发现企业网络中活跃的潜在威胁。大数据技术不需要经过你的公司许可，就能识别访问公司网络的应用或用户。正确的工具能让你监测到不规则时间段传输的、数据量不寻常的、来去不明的通信以及异常情况。

如果系统监测到异常现象，就要立即采取行动，确定攻击的规模。如有必要，可关闭系统，防止进一步受到攻击。快速反应之所以重要，是因为多延误一秒就会多一分破坏。攻击停止后，就要评估损失，如被破坏的安全措施有哪些？目标是什么数据？损失了哪些数据？

最后，将相关情况反映给你的用户。开放和透明非常重要，要以简单明确的语言向他们解释发生了什么，采取了哪些措施，以及当前有什么计划防范这类攻击再次发生。

网络攻击对企业的危害极大，尤其是企业必须保护好用户的数据，以此赢得他们的信任。因此，如果网络攻击处理不当，就可能造成用户流失。培训员工如何应对安全威胁，使用虚拟攻击检验他们，并确保危机预案准备就绪，能够防止出现问题。如果确实出现问题，就要尽可能详细地记录下信息，并从中学习，防止下一次攻击。评估你的行动，并就此和用户进行沟通。如果企业能正确处理好攻击，以后就能重获信任。

国家安全和公共安全

2012 年，世界经济论坛将大数据认定为有利于公共安全和国家安全的非常强大的工具。随着世界进入超高速互联的时代，所带来的风险也越来越多，对政治、社会和经济都产生了重大影响。正如国际互联网名称与数字地址分配机构（The Internet Corporation for Assigned Names and Numbers，简称 ICANN）的总裁兼首席执行官罗德·贝克斯壮（Rod A.Beckstrom）在 2012 年的论坛上所说的，关键是，一方面要解决网络罪犯之间持续的竞赛，另一方面要解决与之相对的企业、立法者和政府之间的冲突。

各国政府负责确保公民的安全，特别是在重大事件中，大数据为实现这个目标提供了许多可能。建立一个大数据解决方案，使用多种工具，并与不同公司合作，就能非常容易地控制住人群，保证活动安全有序。社交媒体分析就是一个绝好的工具。例如，政府可以使用多种 Twitter 分析工具来浏览和分析推文，查找安全威胁，然后采取相应的行动。大数据也能用于监控一个大型活动中人群的举动，防止过多人聚集在一处。通过用这样的方法，政府就能够防范类似 2010 年德国“爱的大游行”之类的灾难。

除人群控制管理系统外，监控摄像头的使用也越来越多。据估计，每个人每天碰到的监控摄像头超过 300 个。英国是监控摄像头的“铁杆粉丝”，拥有 420 多万个监控摄像头。全球现有约 1 亿台监控摄像头，其用途包括控制重要经济领域、建筑、高速公路和大型活动。智能摄像头甚至可用于发现安全漏洞之后，实时向公司发出警告。

2016 年，直接连接到互联网的互联网协议摄像头占到了所有摄像头销量的 60% 左右；2014 年，高清安全摄像头的比例增至 50%。高清闭路电视智能摄像头的比重仍然不大，但是 2016 年，英国高清闭路电视摄像头的数量预计将达到 370 万台。这些都不是普通的摄像头，而是高级摄像头，可以监听和侦查危险的情况，隔离和跟踪活动，并在瞬间识别对象。在荷兰，这样的摄像头早就投入到保护边境的工作中了。这些摄像头能够记录每一台穿越边境的车辆，并将其放到受通缉的车辆的数据库中进行检索。不出一秒，就能得到信号，指示是否要放行。大数据技术能实现所有摄像头的同步监测，发现情况后，只需及时响应。

恩斯赫德市，用大数据控制管理人群

大数据也将对警察、卫生组织、消防部门之类的公共服务的运作方式产生重大影响。2012 年 12 月，荷兰出现了一项引人注目且独一无二的创举。时值圣诞节前一周，荷兰一家成立了 9 年的广播电台 3FM 组织了一项年度慈善活动“Serious Request”。这项活动每年都会在不同的地方举行，2012 年活动选在了特温特地区的恩斯赫德市。当时，特温特警方和安全部门开发了一个人群控制管理工具，以确保所有游客的安全。6 天内，将近 50 万游客到访恩斯赫德市中心，多亏了人群控制管理工具，才没有发生事故。

他们做了什么？

当时，有三个工具在监视恩斯赫德市中心的实时情况。

Twitcident：系与代尔夫特理工大学共同研发。Twitcident 可以筛选当地的大量推文，实时发现有关紧急事件的信息。这个工具能在大型公共活动举办期间侦查、过滤和分析推文，并以结构化的方式呈现数据，让紧急事件的第一响应者能够使用。Twitcident 能够快速提供有关恩斯赫德市中心实时情况的可靠信息，包括人群的情绪和人群中人们的信息。

在“Serious Request”举办期间，Twitcident 处理了 533 个检索词，得出了 113 000 个组合，并由系统负责监视。总共浏览的推文约为 11 亿条，其中 1.2 万条被标注为可疑，并由人群控制室人工检查。

UrbanShield 系统：这个系统能显示城市内部一片完整区域的实时简况。它基于地理信息系统，并使用了 GPS，能够显示一个区域内所有第一响应者的实时位置。作为该系统的一部分，所有警察、消防员，以及城市和私人保安都被展示在一张地图上。如果通过街上的摄像头或 Twitcident 发现了潜在的危险情况，就可以通知距离最近的第一响应者立即采取行动。

Blue Mark：这个工具能够计算人群的人数。在大型公共活动中，知晓特定地点的人群规模非常重要，因为这能确保聚集在城市广场上的人不至于过多。Blue Mark 使用人们智能手机中的传感器监测人群数量以及他们的动态。每个智能手机都会定期发送数字签名，可以使用蓝牙或 Wi-Fi 对这些数字签名进行计数。但是，该工具不会收集账户或手机身份这样的私人信息，所以隐私能够得到保护。

人群控制室

在这次活动期间，这三种工具的投入使用让安保人员获得了恩斯赫德市各个广场的多角度实时高清录像。官员们在市政大厅的人群控制室里就能掌控局面，如有必要，还能采取相应行动。当小偷通过 Twitter 发出消息，摄像头就能够对该小偷进行定位，并使用 UrbanShield 系统通知离这个小偷最近的警察采取行动。用不了多久，这个犯罪分子就会被抓获，并在没人注意到的情况下被带离现场。在这次活动期间，这些工具并不是自动结合在一起的，不过，未来这一情况可能会有所改观。

THINK 本章小结 BIGGER

大数据在保护消费者隐私和他们的数据方面有重大责任。现在，企业和政府有海量的可用数据，甚至可以在当事人不知晓的情况下，监视、追踪和分析任何事、任何人。然而，消费者正变得越来越坦率直言，如果有企业不尊重他们的隐私，不重视数据安全，就会受到显著影响。替换公司的成本从未像现在这样低，所以，如果消费者不喜欢企业对待他们的方式，就会转向它的竞争者。

因此对于企业来说，遵守大数据道德准则意义重大。它们应该公开数据被收集的时间、原因以及用途等信息，如果用户选择删除，也应明确告知其操作细节。当制定隐私政策时，要将简洁视为标准之一，让所有人都能轻松理解，甚至是数字移民。同时，也要使企业内部更改隐私设置的过程简单易懂、容易做到。企业应确保数据安全和匿名化，这样犯罪分子就无法盗取信息了。数据应该像银行中的钱一样安全。最后，企业的大数据战略应该具体提到用户的隐私将始终受到保护。企业中的每一个人都应该对隐私绝口不提，尽全力保护用户的隐

私。隐私应该成为企业文化的部分基因。

尽管大数据有可能会成为“老大哥”，但是如果规则落实到位，企业坚守道德准则，政府也不是全天候不间断地监视所有公民，那么就能避免这种情况。毕竟，没必要弄成像乔治·奥威尔（George Orwell）所著的《1984》中描述的那样。然而，这并不能完全得到保证，政府、企业和消费者必须始终重视大数据隐私、道德和安全，并努力付诸实践。

大数据的未来

08

【大数据实践】

谷歌知识图谱，搜索引擎的未来

谷歌无人驾驶汽车，成功的规范性分析应用

THINK BIGGER

语义网（The Semantic Web），又称为 Web 3.0，通常是指互联网的下一个发展阶段。当前，互联网充斥着庞杂的非结构化或者半结构化数据，在万维网联盟（World Wide Web Consortium，简称 W3C）的引领下，语义网雄心勃勃，力求把所有的非结构和半结构化数据进行归类，构建一个“数据网络”。万维网联盟称，语义网可以突破不同应用程序、社群和企业的边界，实现更为便利的数据共享和再利用。

蒂姆·伯纳斯-李（Tim Bermers-Lee）是互联网的创始人，早在 1998 年，他就在一份白皮书中对语义网进行了如下定义：“语义网是数据网络，从某种程度上讲，堪称全球数据库。”这个数据库包含了目前所有的非结构化数据、半结构化数据以及结构化数据，只是这些数据还处于竖井中，尚未发挥作用。在该白皮书中，伯纳斯-李还阐述了语义网发展的基本原理，他写道：“作为一个信息空间，语义网的宗旨不仅是促进人际沟通，还希望能让机器参与其中，为人际沟通提供辅助作用。要实现机器辅助人际沟通，有一个最大的阻碍，就是互联网的大部分信息是基于人类使用而设计的，即便有些信息是源于每个分类精准定义的数据库，但是这些数据库中的数据结构依然不适用于机器浏览网页。”

语义网将实现全人类与连网设备的相互交流，在不同的应用程序和企业内实现数据的实时共享和不同形式的再利用。毋庸置疑，这与大数据息息相关。

在第 1 章中，我们阐述了大数据的“7V”特征，即高速度、多样性、大体量、真实性、可变性、可视化和高价值。高速度是指数据诞生的速度之快；多样性是指数据形式繁多；大体量是指数据总量巨大；真实性是指数据精确无误；可变性是指随着时间的推移，数据意义会发生改变；可视化是指让数据以简单易懂的方式呈现；高价值是指数据可以为企业和社会创造巨大的经济效益。

"7V"特征不仅对大数据进行了定性，也揭示了语义网面临的挑战和大数据的未来：互联网上的数据以诞生速度快、体量大、形式多样、变化迅速而著称，那么我们该如何在确保这些数据准确、优质和易懂的情况下，实现这些数据的互联和为人们所用呢？此外，"7V"特征也揭示了大数据在语义网的创建过程中所起的重要作用。现阶段，只要是用于拓展大数据的技术，例如 Hadoop、开源工具以及初创公司研发出的技术，都有利于语义网的发展。同时，大数据和语义网的发展需要以更低廉的成本实现更好的数据处理、数据连接以及数据分析。

拉马尼·潘杜罗甘（Ramani Panduranga）是 XO Communication 网络工程部门的副总裁，他在博客上对语义网做了如下阐述："从根本上讲，语义网作为连接数据（这些数据储藏在语义网上的不同数据库中）的元数据的框架，可以实现机器查询数据库，并生成更有用的结果。"当还处于竖井中的数据库实现了相互连接，机器就可以搜索和连接这些数据库中的数据，并与这些数据进行交流。

2012 年 5 月投入使用的谷歌知识图谱（Knowledge Graph of Google），不但恰如其分地证实了上述观点，还让我们得以窥见大数据的未来。谷歌把该技术视为搜索引擎的未来，因为搜索结果不再是单一文字，而是对应实体。拉里·佩琪（Larry Page）是谷歌的创始人之一，她认为知识图谱潜力巨大，"现在还远远没有达到谷歌的预期"。截至 2013 年，由谷歌创建的语义网收录了 5.7 亿个对象，以及 180 亿个不同对象之间的相互联系，旨在清晰阐明搜索关键词的意义。知识图谱的目标是达到《星际迷航》（*Star Trek*）中的科技标准，用户可以直接口头向电脑提问。在研发语义搜索方面，谷歌并不是孤军奋战。Ontology 是一家大数据初创公司，它的目标也是实现连接事物而不是字符串，但它更侧重于企业应用程序而不是网站开发。

正如蒂姆·伯纳斯-李在1998年所说的，语义网更侧重于机器与网络的连接交流。现在，我们将这种机器与网络的连接交流称为物联网。要连接250亿～500亿个不同的设备，并实现这些设备的共同操作，前提条件是这些设备可以做到像人一样浏览和连接网络，并与网络交流。十多年后，当数万亿个传感器与网络实现实时连接，共同操作的重要性就会更加凸显。

因此，大数据相关技术一方面让语义网日臻完善，另一方面也要求语义网能精准运行，并充分挖掘大数据的潜能。只有语义网运行良好，才能开启大数据光明的未来。

詹森·霍夫曼（Jason Hoffman）是Joyent的首席技术官，他预测，未来大数据的关键在于把数据、计算和网络三者相结合。个人电脑是计算和网络相结合的典型代表，而计算与数据的结合可以实现对艾字节的原始数据进行分析，进而实现在大型数据库中随意提问。

未来的大数据可以让我们通过口头提问，轻轻松松找到答案。现在，用户还必须知道他们想要知道什么，而在未来，这都大可不必。

当我们不再需要通过提问获取答案，而是即便不知道问题，也能得到答案，大数据就取得了真正的进展。先进的搜索模式和模式分类，可以通过算法为企业提供决策。各式各样美观的可视化会变得越发重要，且有利于企业理解波字节的数据。

商业分析的未来

大数据的未来也将引领着我们以不同的方式分析大量新数据。过去，我们想要知道企业或世界是如何运转的，往往要采取描述性分析方法对已知数据进行分析。描述性分析可以回答“过去商业世界里发生了什么事情”这类问题。随着大数据的广泛运用，我们开始采用预测分析，它侧重于回答“未来有可能会发生什么事情”。然而，分析的真正优势在于它的终极阶段，我们可以将之称为“商业分析的未来”，也就是规范性分析。这类分析试图回答“现在该怎么办”或者“那又该如何应对”等问题。规范性分析立足于未来的结果，为企业决策提供参考意见。想要明白这些分析方法对企业的意义，我们不妨先看看这三种分析方法之间的差异，以及它们是如何影响你的企业的。

首先，商业分析、预测分析和规范性分析三者应该共存。三者没有优劣之分，而是各有侧重。要想实现对企业的全面分析，三者缺一不可。实际上，这三种分析方法的运用都有利于改善企业决策，所以企业应该相继使用这三种分析方法。

描述性分析着眼过去

描述性分析有助于企业了解过去。这里所说的过去可以是一分钟以前，也可以是几年以前。描述性分析用于梳理客户和产品之间的关系，以获悉未来应采用的方法。换言之，就是学习过去的经验教训，以影响未来的结果。

管理报告是描述性分析最常见的用途之一。管理报告提供了关于销售额、顾客、运营情况和财务方面的信息，然后试图找出这些变量间的相互联系。例如，Netflix 一方面采用描述性分析，寻找用户订阅的不同电影之间的联系，另一方面采用历史销售数据和用户数据，优化推荐引擎的推荐效果。

因此，描述性分析是决定未来发展方向的重要手段。在预测性分析的指引下，我们手中的数据可以转化成信息，让我们了解某事可能造成的结果。

预测性分析放眼未来

本书的例证清楚地阐明了预测性分析以数据为基础，可以为企业提供行之有效的商业参考。预测性分析必须运用多种技术方法，包括机器学习、数据挖掘、建模和博弈论，才能对未来事件的大体走势做出预估。预测性分析用途广泛，其中之一就是可以帮助企业预测未来的风险和机遇。

历史数据和交易数据常用于识别模式，而统计模型和算法常用于梳理不同数据库之间的关系。在大数据时代，许多企业已经采用了预测性分析来预测未来，但这并不是唯一能够预测未来的方式。在采用预测性分析时，一定要记住，尽可能地使用最多的数据进行分析，因为数据越多意味着预测结果越准确。

规范性分析基于预测提供建议

虽然规范性分析是了解企业的终极阶段，但是规范性分析的运用和发展还处于初始阶段。在 2013 年出版的《新兴技术的成熟度曲线》（*Hype Cycle of Emerging Technologies*）一书中，规范性分析被称为“革新的触发器”，而且作者高德纳（Gartner）认为，规范性分析在五到十年之后会达到“生产力成熟期”。规范性分析不仅仅能预测何时将发生何事，还能分析事发原因，并能根据这些信息提供多种应对方案，最大化地利用预测结果。

作为一种综合分析方法，规范性分析采用了多种分析技术和工具，例如数学科学、商业规则算法、机器学习、计算模型技术，以及涵盖了历史交易数据和公共、社交数据集的大量数据库。规范性分析试图预测未来决策会造成的影响，以便在真正做出决策之前对决策内容进行适当调整。正因为考虑了未来可能造成的结果，所以规范性分析极大地提升了决策的正确性。

然而，规范性分析到 2003 年才兴起，还并未成熟，并且因为其复杂程度高，所以目前市场上成功的规范性分析应用案例寥寥无几。目前，只有 3% 的公司运用规范性分析，而且还常常错误百出。其中最好的应用案例之一就是谷歌的无人驾驶汽车，它们可以根据对未来的各种预测结果制定相应的决策。这些无人驾驶汽车在制定决策以避免发生交通事故之前，需要预测可能会发生什么，以及如果它们制定某项决策，可能会造成什么影响。

规范性分析对企业和企业决策都有深远的影响力。它可以影响各行各业，并提高企业运营效率。

现在，你已对描述性分析、预测性分析和规范性分析的不同作用有所了解，你需要做的就是在制定企业决策的时候，把对未来会出现的结果的预测纳入考虑范围，然后在此基础上制定更为明智的决策。IBM 就已经把着眼于未来的规范性分析视为商业分析的“终极阶段”了。

迈入波字节时代

未来几十年，大数据科学家将成为大家争相追逐的对象，但是大数据时代真正的大赢家是那些让大数据简单易懂、易于操作，而让大数据科学家毫无用武之地的企业。大企业有能力聘用大数据科学家，而中小企业使用大数据的市场更大，却无力承担聘请大数据科学家的费用。初创公司只要能够让中小企业无须借助大数据科学家而独立使用大数据，就会极具竞争力。

大数据初创公司开发的算法会更加智能，智能手机也会跟上步伐，而人人口袋里将会有一台超级电脑，能够对复杂程度超乎想象的计算任务进行实时处理和运算，并且你能在这个超级电脑的巴掌大的屏幕上看到整个运算过程。随着物联网、工业互联网和数万亿传感器的出现，待处理的数据总量将会以指数级的速度激增。

大数据只会有增无减，而波字节也会成为会议上频繁提及的词语。幸运的是，数据储存可以为更多人所用，而且价格会更加亲民。随处可见的波字节会让“大数据”这一术语慢慢淡出历史舞台，届时，大数据将仅仅是普通数据而已。

然而，在此之前，数据还是处于不断增长的阶段，而企业和政府正在处理这些不断增长的数据，这势必造成隐私问题。那些遵守了道德准则的企业会继续存活，而触碰了用户隐私的企业将会被淘汰出局，因为保护隐私是一种自律行为。然而，因为普通老百姓随时都在与大数据打交道，所以政府必须出力保护用户隐私。公众会不可避免地对大数据给用户隐私带来的不利影响产生质疑。总之，我们不要上演电影《少数派报告 2》（*Minority Report 2.0*）中的桥段。

我们还未真正迎来大数据时代，一切还都是未知，然而，可以肯定的是，未来的变化必将改变众多企业和社会本身。大数据的发展必然将持续下去，所以企业必须灵活应变。如果企业不及时采用大数据策略，暂时可能还无碍大局，但是显然，那些已经采用大数据策略的企业正在赶超同行，成为行业翘楚。因此，如果你希望你的企业能够赶上大数据时代的潮流，能够在大数据时代为用户提供大数据相关的产品和服务，采用大数据策略刻不容缓。祝你好运。

湛庐，与思想有关……

如何阅读商业图书

商业图书与其他类型的图书，由于阅读目的和方式的不同，因此有其特定的阅读原则和阅读方法，先从一本书开始尝试，再熟练应用。

阅读原则1 二八原则

对商业图书来说，80%的精华价值可能仅占20%的页码。要根据自己的阅读能力，进行阅读时间的分配。

阅读原则2 集中优势精力原则

在一个特定的时间段内，集中突破20%的精华内容。也可以在一个时间段内，集中攻克一个主题的阅读。

阅读原则3 递进原则

高效率的阅读并不一定要按照页码顺序展开，可以挑选自己感兴趣的部分阅读，再从兴趣点扩展到其他部分。阅读商业图书切忌贪多，从一个小主题开始，先培养自己的阅读能力，了解文字风格、观点阐述以及案例描述的方法，目的在于对方法的掌握，这才是最重要的。

阅读原则4 好为人师原则

在朋友圈中主导、控制话题，引导话题向自己设计的方向去发展，可以让读书收获更加扎实、实用、有效。

阅读方法与阅读习惯的养成

（1）回想。阅读商业图书常常不会一口气读完，第二次拿起书时，至少用15分钟回想上次阅读的内容，不要翻看，实在想不起来再翻看。严格训练自己，一定要回想，坚持50次，会逐渐养成习惯。

（2）做笔记。不要试图让笔记具有很强的逻辑性和系统性，不需要有深刻的见解和思想，只要是文字，就是对大脑的锻炼。在空白处多写多画，随笔、符号、涂色、书签、便签、折页，甚至拆书都可以。

（3）读后感和PPT。坚持写读后感可以大幅度提高阅读能力，做PPT可以提高逻辑分析能力。从写读后感开始，写上5篇以后，再尝试做PPT。连续做上5个PPT，再重复写三次读后感。如此坚持，阅读能力将会大幅度提高。

（4）思想的超越。要养成上述阅读习惯，通常需要6个月的严格训练，至少完成4本书的阅读。你会慢慢发现，自己的思想开始跳脱出来，开始有了超越作者的感觉。比拟作者、超越作者、试图凌驾于作者之上思考问题，是阅读能力提高的必然结果。

扫码关注湛庐文化，
回复“阅读”
这5种方法，让读过的书变成你的影子

［特别感谢：营销及销售行为专家 孙路弘 智慧支持！］

我们出版的所有图书，封底和前勒口都有“湛庐文化”的标志

并归于两个品牌

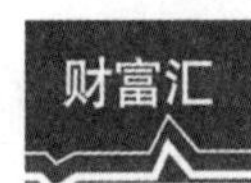

找“小红帽”

为了便于读者在浩如烟海的书架陈列中清楚地找到湛庐，我们在每本图书的封面左上角，以及书脊上部47mm处，以红色作为标记——称之为**“小红帽”**。同时，封面左上角标记**“湛庐文化 Slogan”**，书脊上标记**“湛庐文化 Logo”**，且下方标注图书所属品牌。

湛庐文化主力打造两个品牌：**财富汇**，致力于为商界人士提供国内外优秀的经济管理类图书；**心视界**，旨在通过心理学大师、心灵导师的专业指导为读者提供改善生活和心境的通路。

阅读的最大成本

读者在选购图书的时候，往往把成本支出的焦点放在书价上，其实不然。

时间才是读者付出的最大阅读成本。

阅读的时间成本=选择花费的时间+阅读花费的时间+误读浪费的时间

湛庐希望成为一个“与思想有关”的组织，成为中国与世界思想交汇的聚集地。通过我们的工作和努力，潜移默化地改变中国人、商业组织的思维方式，与世界先进的理念接轨，帮助国内的企业和经理人，融入世界，这是我们的使命和价值。

我们知道，这项工作就像跑马拉松，是极其漫长和艰苦的。但是我们有决心和毅力去不断推动，在朝着我们目标前进的道路上，所有人都是同行者和推动者。希望更多的专家、学者、读者一起来加入我们的队伍，在当下改变未来。

湛庐文化获奖书目

《大数据时代》

国家图书馆"第九届文津奖"十本获奖图书之一

CCTV"2013中国好书"25本获奖图书之一

《光明日报》2013年度《光明书榜》入选图书

《第一财经日报》2013年第一财经金融价值榜"推荐财经图书奖"

2013年度和讯华文财经图书大奖

2013亚马逊年度图书排行榜经济管理类图书榜首

《中国企业家》年度好书经管类TOP10

《创业家》"5年来最值得创业者读的10本书"

《商学院》"2013经理人阅读趣味年报•科技和社会发展趋势类最受关注图书"

《中国新闻出版报》2013年度好书20本之一

2013百道网•中国好书榜•财经类TOP100榜首

2013蓝狮子•腾讯文学十大最佳商业图书和最受欢迎的数字阅读出版物

2013京东经管图书年度畅销榜上榜图书，综合排名第一，经济类榜榜首

《牛奶可乐经济学》

国家图书馆"第四届文津奖"十本获奖图书之一

搜狐、《第一财经日报》2008年十本最佳商业图书

《影响力》（经典版）

《商学院》"2013经理人阅读趣味年报•心理学和行为科学类最受关注图书"

2013亚马逊年度图书分类榜心理励志图书第八名

《财富》鼎力推荐的75本商业必读书之一

《人人时代》（原名《未来是湿的》）

CCTV《子午书简》•《中国图书商报》2009年度最值得一读的30本好书之"年度最佳财经图书"

《第一财经周刊》• 蓝狮子读书会•新浪网2009年度十佳商业图书TOP5

《认知盈余》

《商学院》"2013经理人阅读趣味年报·科技和社会发展趋势类最受关注图书"

2011年度和讯华文财经图书大奖

《大而不倒》

《金融时报》• 高盛2010年度最佳商业图书入选作品

美国《外交政策》杂志评选的全球思想家正在阅读的20本书之一

蓝狮子•新浪2010年度十大最佳商业图书，《智囊悦读》2010年度十大最具价值经管图书

《第一大亨》

普利策传记奖，美国国家图书奖

2013中国好书榜•财经类TOP100

《真实的幸福》

《第一财经周刊》2014年度商业图书TOP10

《职场》2010年度最具阅读价值的10本职场书籍

《星际穿越》

国家图书馆"第十一届文津奖"十本奖获奖图书之一

2015年全国优秀科普作品三等奖

《环球科学》2015最美科学阅读TOP10

《翻转课堂的可汗学院》

《中国教师报》2014年度"影响教师的100本书"TOP10

《第一财经周刊》2014年度商业图书TOP10

湛庐文化获奖书目

《爱哭鬼小隼》

国家图书馆"第九届文津奖"十本获奖图书之一

《新京报》2013年度童书

《中国教育报》2013年度教师推荐的10大童书

新阅读研究所"2013年度最佳童书"

《群体性孤独》

国家图书馆"第十届文津奖"十本获奖图书之一

2014"腾讯网·啖书局"TMT十大最佳图书

《用心教养》

国家新闻出版广电总局2014年度"大众喜爱的50种图书"生活与科普类TOP6

《正能量》

《新智囊》2012年经管类十大图书，京东2012好书榜年度新书

《正义之心》

《第一财经周刊》2014年度商业图书TOP10

《神话的力量》

《心理月刊》2011年度最佳图书奖

《当音乐停止之后》

《中欧商业评论》2014年度经管好书榜·经济金融类

《富足》

《哈佛商业评论》2015年最值得读的八本好书

2014"腾讯网·啖书局"TMT十大最佳图书

《稀缺》

《第一财经周刊》2014年度商业图书TOP10

《中欧商业评论》2014年度经管好书榜·企业管理类

《大爆炸式创新》

《中欧商业评论》2014年度经管好书榜·企业管理类

《技术的本质》

2014"腾讯网·啖书局"TMT十大最佳图书

《社交网络改变世界》

新华网、中国出版传媒2013年度中国影响力图书

《孵化Twitter》

2013年11月亚马逊(美国)月度最佳图书

《第一财经周刊》2014年度商业图书TOP10

《谁是谷歌想要的人才？》

《出版商务周报》2013年度风云图书·励志类上榜书籍

《卡普新生儿安抚法》《最快乐的宝宝1·0~1岁》

2013新浪"养育有道"年度论坛养育类图书推荐奖

延伸阅读

《大数据时代》

扫码直达本书购买链接

◎ 迄今为止全世界最好的一本大数据专著。

◎ 宽带资本董事长田溯宁，微软全球资深副总裁、微软亚太研发集团主席张亚勤，中国互联网发展重要参与者、知名IT评论人谢文，北京云基地首席顾问、云华时代智能科技有限公司董事长郭昕，上海交通大学长江学者特聘教授、致远学院常务副院长汪小帆，中国传媒大学教授沈浩，清华大学计算机科学与技术系副主任、教授陈文光，中国社科院信息化研究中心秘书长、《互联网周刊》主编姜奇平等重磅推荐。

《为数据而生》

扫码直达本书购买链接

◎ 2015年度十大科技创新人物、中国大数据领军人、大数据创新与实践一线专家、百万级畅销书《大数据时代》中文版译者周涛心血之作。

◎ 领跑大数据3.0时代，大数据创新实践的扛鼎之作！

◎ 讲述了大数据在智慧交通系统、个性化医疗、智慧学校以及金融和商业等领域的中国式创新实践。

《决战大数据》

扫码直达本书购买链接

◎ 大数据实践的先行者、红杉资本中国基金专家合伙人、阿里巴巴集团前副总裁、首任阿里数据委员会会长车品觉首部个人专著全新修订。

◎ 最接地气的大数据著作，既是商业人士和电商从业者的案头必备书，也是管理层的决策宝典。

◎ 红杉资本全球执行合伙人沈南鹏，宽带资本董事长田溯宁，阿里巴巴集团CTO张建锋，唯品会创始人、董事长兼CEO沈亚，eBay大中华区CEO林奕彰，数据科学家程杰等联袂倾情推荐！

《数据新常态》

扫码直达本书购买链接

◎ 商业数据系统与业务模式的设计者和创新者克里斯托弗·苏达克最新颠覆力作。

◎ 清华大学副校长兼数据科学研究院管委会主任杨斌，宽带资本董事长田溯宁，阿里巴巴集团副总裁、数据委员会会长车品觉，电子科技大学教授、互联网科学中心主任、畅销书《大数据时代》译者周涛联袂重磅推荐。

图书在版编目（CIP）数据

企业的大数据战略 /（荷）马克·冯·里吉门纳姆著；盛杨燕译．—杭州：浙江人民出版社，2017.6

ISBN 978-7-213-08017-3

Ⅰ．①企…　Ⅱ．①里…　②盛…　Ⅲ．①企业管理－数据管理　Ⅳ．①F272.7

中国版本图书馆 CIP 数据核字（2017）第 096852 号

浙江省版权局
著作权合同登记章
图字：11-2016-212 号

上架指导：企业管理 / 大数据

本书法律顾问　北京市盈科律师事务所　崔爽律师
张雅琴律师

企业的大数据战略

［荷］马克·冯·里吉门纳姆　著
盛杨燕　译

出版发行：浙江人民出版社（杭州体育场路 347 号　邮编　310006）
市场部电话：（0571）85061682　85176516
集团网址：浙江出版联合集团　http://www.zjcb.com
责任编辑：朱丽芳
责任校对：陈　春
印　　刷：北京中印联印务有限公司
开　　本：720mm ×965 mm　1/16　　印　　张：16.25
字　　数：224 千字　　插　　页：1
版　　次：2017 年 6 月第 1 版　　印　　次：2017 年 6 月第 1 次印刷
书　　号：ISBN 978-7-213-08017-3
定　　价：62.90 元

如发现印装质量问题，影响阅读，请与市场部联系调换。